中国社会科学院创新工程学术出版资助项目

社会发展译丛

"热"话题 — "冷"安慰

气候变化与态度变迁

Hot Topic – Cold Comfort

Climate Change and Attitude Change

[挪威] 古德曼·赫内斯◇著　　张晨曲◇译

中国社会科学出版社

图字:01 - 2015 - 0761

图书在版编目(CIP)数据

"热"话题—"冷"安慰：气候变化与态度变迁 / (挪) 赫内斯著；张晨曲译.
—北京：中国社会科学出版社，2015.7
（社会发展译丛）
书名原文：Hot Topic - Cold Comfort：Climate Change and Attitude Change
ISBN 978 - 7 - 5161 - 6197 - 5

Ⅰ.①热…　Ⅱ.①赫…②张…　Ⅲ.①气候变化—关系—社会发展—研究
Ⅳ.①K02②P467

中国版本图书馆 CIP 数据核字(2015)第 106793 号

Original book published by Nord Forsk.
中国社会科学出版社享有本书中国大陆地区简体中文版专有权,该权利受
法律保护。

出 版 人　赵剑英
责任编辑　王　茵
特约编辑　孙　萍　崔芝妹
责任校对　邓雨婷
责任印制　王　超

出　　版　中国社会科学出版社
社　　址　北京鼓楼西大街甲 158 号
邮　　编　100720
网　　址　http://www.csspw.cn
发 行 部　010 - 84083685
门 市 部　010 - 84029450
经　　销　新华书店及其他书店

印刷装订　北京金瀑印刷有限责任公司
版　　次　2015 年 7 月第 1 版
印　　次　2015 年 7 月第 1 次印刷

开　　本　710×1000　1/16
印　　张　10
插　　页　2
字　　数　166 千字
定　　价　35.00 元

总　序

　　改革开放三十多年来，发展始终是解决国计民生的硬道理。中国经济、社会、文化发生了急剧变革，发展创新所带来的经验需要积累，需要科学总结，以使理论与实践结合，促进中国改革事业的进一步深化，回应对改革的种种质疑，解决发展中暴露出来的各项问题。与此同时，我们身处全球化时代，如何总结自身的经验，吸收国际发展的成熟理论、先进观念，融合到中国自身的文化之中，拓展中国经验的理论意涵，业已成为中国学界应担当的责任，也是新时期国家建设和社会进步的题中之义。

　　到目前为止，国内有关社会发展的系统性研究仍比较缺乏，尚未有以社会发展为主题编纂的专业丛书。一方面，关于社会发展的经典理论、发展战略、发展模式、发展经验，其引进和介绍尚处于零散和片面的状态，这与中国社会发展的需要极不相符，也远远落后于国际学术更新的脚步；另一方面，中国的发展经验亦需要与他国相互参照、相互借鉴和扬弃，而有关国际发展比较研究的领域尚未得到拓展。

　　本丛书的宗旨在于系统出版国外有关社会发展的理论、经验、战略、模式的著作，同时发扬经世致用的传统，研究社会发展的机制、动力，以及相应的制度环境和社会条件等结构性要素，从宏观与微观之间的中观层次出发，从发展理论与方法、发展模式、发展战略和发展经验四大主题出发，来完整呈现社会发展中的理论范式和关键议题。

　　我们衷心地期望，这套译丛的出版能够为中国社会发展的学科，以及为中国社会发展的伟大事业做出一些有益的探索和努力。

　　是为序。

《社会发展译丛》编委会

2015 年 5 月

中文版序言

气候变化问题是一个有挑战性的全球性话题，不仅应该引起每一个国家的主动关注，同时也应该是所有国家采取联合行动来关注的问题。

在中国，环境问题也非常严峻：空气污染、水资源短缺、因过度砍伐而导致的沙漠化。这些现象表明，中国将责无旁贷地成为解决这些环境问题的主体。此举的积极意义在于，当中国开始面对自身环境问题的同时，也将有助于全球性环境问题的解决。正如建设世界上最长的铁路网络、高铁系统一样，中国向世界证明了其高效而果决的行动力。

然而，中国也面临着与世界其他地区同样的问题：关于环境问题的公众舆论是分化的，多样的。一方面舆论认为，解决环境问题的方案或屈指可数，或姗姗来迟；另一方面舆论则质疑气候问题存在的真实性，他们总认为气候的变化只是人类活动的副产品。除此之外，还有舆论指责各国在解决气候变化、全球变暖这些问题上，所承担的责任极不公平。发达的国家还未见得乐意在节能减排上承担他们应当承担的费用。

当然，还有一个造成环境问题解决方案迟缓的原因，那就是人们不愿意改变固有的认知和世界观。许多人认为气候变化还不那么严峻，甚至质疑是否真有其事。尽管争论存在，他们也不那么容易被说服。原因何在？

本书的立论建构在观念的"双重嵌入性"这一事实上。人的观念与他们的心智水平同步，也与他们所处的生活圈和社交网络同步关联。这个现象很普遍，也更能说明人们不愿改变其认知的原因。说得尖锐一些，人们改变观念，必将以改变其生活圈为代价。因此，观念重置和社会关系网络重塑必然困难重重。

然而，苦难的经历会给人们带来更多的启示。本书着眼于诸多后果严重的历史性事件，因而公众很难忽视或者否认，这些戏剧性事件在改变观念这一行动的必要性上,进行过重要的佐证。

我相信,更多"中国事件"会对我们改变观念,提供更大的帮助。

古德曼·赫内斯

前　言

2008 年，在北欧五国首相的倡议下，五个北欧国家在北欧合作框架内开始携手推进迄今为止最大规模的研究和创新计划。该项关于气候、能源与环境问题的高级别研究计划，旨在敦请北欧地区的有关部门和机构在解决全球气候危机方面做出北欧国家的贡献。计划力求在一个五年规划期内把该地区企业界最好的研究人员、社会活动人士以及决策者汇聚到一起，提出有关气候变化问题的新认识和解决能源问题的更佳方案。该项高级别研究计划共分为六个研究专题，从气候变化对社会的影响到推动环境技术、能效、新能源创新等方面对北欧国家之间的合作提供资金支持。同时，该项计划还鼓励跨学科研究，提供三大交叉研究视角之一的社会科学和人文科学都可以纳入这些研究专题活动之中。

正是在这一背景下，古德曼·赫内斯教授为该高级研究计划撰写了本报告。古德曼·赫内斯教授把该报告称为综合科学的研究随笔，它主要关注的是自第二次世界大战以来人们在思维观念上所发生的变化，这些变化集中体现在时髦的"生态革命"一词中，里面包含了关于认知的、政治的和道德的成分。该报告特意选择了"随笔"这个术语，因为其目的是汇集有关气候变化的现有研究和观点以及这些研究和观点是怎样影响公众舆论变化的。该报告在结尾一章概要性地提出了社会科学可能涉及的研究主题，这些研究主题或许有助于我们探讨气候变化的原因和后果，从而进行跨学科的、综合性的研究。

我们希望这份报告能够有助于人们了解如何将社会科学和人文科学的研究结果引入关于气候、能源以及环境问题的讨论中，同时，竭力促进并为该项研究计划及其拓展领域提供跨学科的和综合的科研前提。

罗尔夫安·纳伯格

高级研究计划管理委员会主席

目 录

梵蒂冈西斯廷教堂天花板壁画《上帝创造亚当》（局部），米开朗基罗·博那罗蒂
1512 年作

该图片来自斯堪匹克斯图片社的科学图片库

内容概要

在整个历史上，人类总是试图了解自己所栖身的世界——宇宙，以及自己在宇宙中的地位。宇宙学记录了人们对宇宙起源、本质及其结构和演化过程的看法。然而，与人类有关的大事件中还包括了人类及其生活如何才能与整个世界相适应的观点，即人类应该如何处理好自然世界与人类社会的关系。

纵观历史，人们对世界的看法经历了多次重大变化。在古代，人们将自己置身于由诸神所创造的宇宙中心。有关这种宇宙地心说的故事有好几种版本。托勒密把宇宙设想为嵌套的球体，在此基础上，希腊天文学家又借助几何模型来描述与计算天体运动，这在当时是相当先进的。

托勒密关于宇宙体系与社会生活的关系，可借由以下事例加以阐明，这一体系使得计算太阳、月亮和行星的位置，以及由此编制星历和天文年历成为可能。有规律的天体运动可以使社会生活更加规范化，人们对宇宙的看法转化成了社会组织活动的关键性因素。

尽管托勒密的宇宙体系几乎为当时的西方世界所普遍接受，但即使引入了"本轮"来解释已发现的各种复杂的天体运动现象，也无法解释该宇宙体系日益凸显的在解释天体离心运动方面的不足。对托勒密宇宙体系观点的决定性突破来自于哥白尼，他在其日心说模式中将太阳视为宇宙的中心。同时，日心说模式的提出也预示着科学革命的来临。[①] 然而，哥白尼对世界这一新的看法在当时并未立刻获得人们的普遍认同。事实上，哥白尼去世近五百年以后，仍旧有很多人认为地球是宇宙的中心。

在该随笔中，作者认为，自第二次世界大战以来，公众看待世界及其居住地的方式在观念和认识上又发生了一次重大转变。这种对世界的新看法同

---

① 参见新近哥白尼传记，达瓦·索伯的《更完美的天堂：哥白尼如何彻底改变了宇宙》，沃克公司 2011 年版。

样聚焦于地球本身,所以在某种意义上,人们似乎可以认为它仍然属于地心说。然而,这种地球中心观缘自其生态中心观,论述的是人们对自然的影响是如何作用于人类自身的。当代这种对世界看法的变化引发了多个观点的同时改变,随着时间的推移它们愈发地交织在一起,这些观点的转变包括:对地球的认知从视地球为无限到有限;从视地球具有极强的复原力到极其脆弱;从视全球自然与社会进程的彼此分离到紧密相连;从视自然为人类境况的主宰者到人类为气候改变的关键因素;从视世界为地域上条块分割的到全球一体化;从视公民福利可以由本国国内决定到其越来越受他国政策的影响,而且常常是受离本国相距甚远国家政策的影响;从认为自然界所发生的一切总体上是稳定且可预测的到越来越难以捉摸;从认为个体的行动无关紧要到集体行动的不可避免;从认为地球上所发生的一切在本质上是周而复始的到这种可怕的趋势也许难以逆转;从认为可以照常做自己的事情到采取全球行动迫在眉睫。这些变化可以统称为"生态革命",即全球公民在对世界的看法上所发生的深刻变化。

显然,并非所有的人都认同以上的所有观点。这些观点的发展并非线性的,它们的整合也还未完成。前后的不一致性已经凸显出来,一些原则性观点受到了挑战,某些观点也发生了逆转。然而,从整体上来看,这些观点随着时间推移却愈发根深蒂固。

众所周知,人们是不愿轻易改变自己的观点和看法的。因此,问题在于,关于世界的变化以及人们该采取何种措施加以应对——如果人们的认知和态度确已发生了大的改变——那么,这种改变又是如何产生的呢?针对这一问题,本书作者提出的观点为,人们对世界看法的改变是由世界自身的改变引起的。公众对待环境问题在态度上的变化并不是一个观察与争论、通过推理建立共识而缓慢积聚的过程,这些变化是由人类活动所引发的一系列事件导致的。这些事件震惊了公众的想象,因而必须采取集体行动才能解决。

换言之,"二战"后的一系列事件触发了人们的相关领悟。这些事件出现的时刻既是对人们的考验,也是人们做出决定的时刻,所以这些事件的发展进程导致了人们态度的变化,它们触发了人们对传统智慧和固有行为方式的修正。

本书选择了"二战"后发生的七个事件及其所产生的影响进行讨论。这些事件及其影响包括:广岛原子弹爆炸、杀虫剂的大规模使用所导致的生态系统损害、核电站事故引发的灾难性后果、大面积饥荒的冲击、马尔萨斯幽灵——资源短缺急剧加重、全球变暖和气候反常,以及《蓝色星球》第一帧画面的影响——从太空中所看到的地球全景图。由此，本书的中心论点是：这些事件本身的演变导致了人们对世界的看法与观点的改变。也就是说，人们对世界的种种假设和对其在态度上的改变是受事件驱使的。这种改变包括以新的、更广阔的心智地图取代早期的信仰和对事物优先顺序的排列。因此，这种看法的改变，不仅仅表现在对现状的认识上，同时也表现在对应该做什么事情的态度上。

理论上，对改变的抵制可用"态度的双重嵌入"加以解释，即"态度既嵌入逻辑思维中，又同时嵌入社交网络中"。这样就使得不同的态度相互强化，相互促进和相互稳定。物以类聚，人以群分——这两种情况总是一起出现的。

因此，事件驱使人们对世界态度普遍改变的原因，简而言之，就是因为重大事件对个人信念产生冲击的同时也会冲击到其社会关系。可以说，与其说人们的态度是由争论的力量所改变的，倒不如说它们是被环境的力量所改变的。事件导致的变化之所以强而有力，是因为以下两层结构同时受到了影响：一是概念化与经验层面，即逻辑思维；另一个是人际关系与互动层面，即社交网络。如果人们的看法被双重地嵌入其中，两个层面就会同时被重大事件干扰。当两个层面的不同链环被拆开时，便可以对其进行重组。

这份报告是一份综合的科学论文随笔，主要讨论了自"二战"以来人们在思维方面的改变，可用时髦的"生态革命"一词加以概括。该标语认为人们的思维在认知、政治和伦理方面已经发生了广泛的变化。

不过，尽管长期以来，人们日益担忧气候变化会对人类生存条件带来潜在的巨大影响，但令人感到荒谬的是，近期公众对气候发生变化的相信程度却呈现出下降的趋势。[①] 在政治领域也同样遭遇了挫折，比如在 2009 年的哥

① 2010 年 12 月挪威出版的一项研究报告可资佐证。据该报告的全国民意调查显示，约有一半的人口（51%）认为气候变化是人为引起的。而这一比例相较于 2007 年 2 月和 6 月（分别为 58% 和 55%）有所下降（参见 2010 年 12 月第 4 期的《挪威晚报》）。据报道，挪威人越来越认为环境危机被夸大了，认为世界不需综合外力的干预就可以自我修复。然而，在报道中只有 21% 的人非常担心气候变化，在瑞典该百分比为 31%，中国则高达 58%，与 2007 年相比增长了一倍多。中国在环境问题上的态度变化可能与近几年来发生的几次极端气候事件有关，如地震和洪水等。2010 年英国广播公司的一项民意调查显示，英国人认为气候变化是由人类引起的比例从 2009 年 11 月的 41% 下降至 2010 年 5 月的 26%。其他国家也呈现类似的趋势（http：//nrk. no/nyheter/verden/1. 7140522）。2009 年 3 月的盖洛普公司报告说："越来越多的人认为全球变暖被'夸大'了。"（http：//gallup. om/poll/116590/increase – number – think – global – warming – exaggerated. aspx.）两年后，盖洛普报告

本哈根气候大会上。而且就在本书付梓之时,人们还在争论 2011 年德班气候变化大会是否取得了某些成果。

因此,尽管人们越来越多地认识到人类活动在全球范围内的关联性以及与自然界的相互交会日渐增强,但对自身行为的界定却缺乏共识。是因为知识方面的不足吗?是因为不同公众间"认知共识"的缺乏吗?是因为人们没有相同的紧迫感吗?抑或是因为无法找到彼此都能接受的道德原则?这些有关气候变化与人们观点改变的议题都是本书所要探讨的。

北欧国家对以上问题尤为感兴趣,环境问题已经一步步上升到其政治议程上,2009 年的气候大会在哥本哈根的举办就能很好地说明这一点。但实际上,北欧地区对环境问题的参与可以追溯到几十年前。正是由于瑞典政府的倡议才促成了 1972 年在斯德哥尔摩召开的第一次联合国人类环境会议。此次会议的召开成为制定国际环境政策的转折点。十年后的 1983 年,世界环境与发展委员会成立——也被称为布伦特兰委员会,这是以该委员会主席、挪威前首相格罗·哈莱姆·布伦特兰的名字命名的。1987 年,该委员会的报告《我们共同的未来》①出版,并将可持续发展作为一项用来应对广泛环境威胁的必要政策提了出来。该政策的宗旨为:既要满足当代人的基本需求,特别是世界上贫困人口的需求,"又不损害后代人满足其需求的能力"。这份报告为 1992 年里约热内卢地球峰会的召开、《二十一世纪议程》和《里约宣言》的通过以及可持续发展委员会的成立提供了平台。换言之,这些活动以及许多其他未在此提及的活动都表明,近几十年来全球环境议题已在北欧国家的政治议程中占据了重要的地位。

认为,与过去相比,美国人持续对全球变暖的问题表现出漠不关心的态度,只有 51% 的人对此感到担忧或极其担忧,尽管美国人的态度与去年相比似乎已经稳定下来。目前对此感到担忧的人数比例与三年前的 66% 相比,只比 1997 年盖洛普测试结果高出一个百分点(http://www.gallup.com/poll/146606/Concerns – Global – Warming – Stable – Lower – Levels.aspx)。2011 年 9 月,美国共和党两名总统候选人,得克萨斯州州长里克·佩里和议员米歇尔·巴克曼"讨论了科学家们是如何利用气候变化欺骗人们,以赚取更多的实验经费"。参见托马斯·弗里德曼《难道还不够奇怪吗?》(http://www.nytimes.com/2011/09/04/opinion/friedman – is – it – weired – enough – yet.html?src = me&ref = general)。在《为什么我们在气候变化问题上有分歧:了解争议,不作为和机会》(剑桥大学出版社)一书中,作者认为"气候变化不是一个等待'解决办法'的'问题',它是一个环境、文化和政治现象。该现象正在重塑我们看待人类、社会和生存环境的方式"。另一项近期研究参见《比较下的气候:美国和加拿大公众对气候变化的意见》,见《布鲁金斯管理研究杂志》2011 年 4 月第 39 期(http://www.brookings.edu/papers/2011/04_climate_change_opinion.aspx)。

　　① 《我们共同的未来》,牛津大学出版社 1987 年版。

　　"随笔"一词是作者深思熟虑后所挑选的，因为它不是基于原始的研究，也不是基于新数据的采集，其目的是将现有关于气候变化的研究和观点杂糅在一起，并阐述它们是如何影响人们观点的改变的。我的任务是撰写一份方便易读的综合概述。因此，该概述的论证比较紧凑，其主要思想则是通过具体案例加以阐释、充实和说明。

　　本书呈现给读者的并非权威的定本，而是鼓励辩论的抛砖引玉之作，文中附有一系列对未来社会科学研究的假设与建议。本书的目标受众是政策制定者、英国人所谓的"聪明的门外汉"以及研究人员。这也涉及了书中所列出的参考文献——我们所选择的并非专业书籍与学术期刊中的科学论文，而是易于在网络上获取的相关资料，尤其是那些把严肃观点写得深入浅出的网站。

　　简言之，本报告的目的不在于平息争辩，而是鼓励争辩。这里没有列出所有人都赞同的观点，而是鼓励争论。科学不仅为理性的讨论设定准则，还为理智且激烈的交流提供背景知识。如果本报告能引起这种争论，那它的目的就达到了。

古德曼·赫内斯

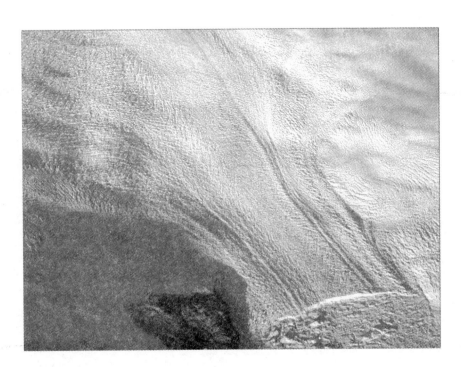

丹麦格陵兰群岛正在融化的冰川，泽维尔·马钱特摄，来自 iStockphoto 图片库

第一章　导论

身处新世纪，人类所面临的问题具有全球性、科学的窘境以及政治的复杂性。在这样的情况下，需要自然科学与社会科学做出前所未有的贡献。全球变暖、气候变化及自然灾害等自然现象日益受到国际社会的重视。与此同时，这些议题互相交错。

我们自知无法改变自然的法则。然而，我们也同样了解自然法则的运作方式是由人类行为所引发的，诸如能源的使用、排污与环境污染。艾滋病是由一种病毒引发的生物过程所导致的结果，然而它的传播却是由人类的相互影响与社会风气引起的。

如果我们意图阻止由自身行动所造成的破坏性影响，就必须知道这些不利影响是如何由我们的行动导致的，以及如何削弱与纠正这种不利影响。

因而，我们不断增长的自然知识必须与我们的社会知识相匹配，即对物质世界的了解必须要有相应的社会知识予以应对。

不仅如此，我们所拥有的通往理解与行动的机会之窗其实相当有限。这是因为，在人类时间的长河中，这些改变极有可能无法逆转。

与此同时，正是人类所遭遇的负面挑战为自然科学、社会科学以及各类人文学科的发展提供了有利契机。

第一节　自然科学与社会科学的异同

在这里，首先对自然科学与社会科学的相同和差异之处说上几句。

自然科学并非*自然*，而是*科学*，具体来说就是一种由明确规范与要求支配的人类和社会活动。这些规范与要求，既包括尊重知识、献身真理、重视讨论和致力于对假设的验证，同时也是一种对新观点、新解读以及新突破的系统化的共同认可。因此，自然科学不是自然活动，而是社会活动。

概念是科学家用以理解现实的工具。譬如，没有人能**看见**重力——能够观察到的只是它产生的**影响**。例如：苹果落地，钟摆摆动，或行星围绕太阳转等。然而，认识到这三种现象（下落的苹果、摆动的钟摆或绕轨运行的行星）的背后是同一种力，并以"重力"这个概念对此加以描述，则耗费了几个世纪的时间。

有时，科学家所创造的概念与世界的运行方式并不对应。早在古代的时候，人们就已经知道疟疾这种疾病了，但这一名称却源于对其起因的误解，即认为疟疾是由于恶劣的空气造成的。另一则科学上的误读案例就是关于任何可燃物中都存在"燃素"的理论。

假如我们所使用的概念与实际情形不符，不仅会造成理解上的错误，我们所采取的行动也不会产生预期的结果。建构的错误概念往往会导致错误的行动。

社会科学与自然科学一样，也存在着类似的问题。但除此之外，社会科学还存在其他的问题。自然法则不受人类理解的影响。我们可以将此解读为：我们可以去适应和利用重力，但即便我们了解了它也不可能改变它。然而，不论我们如何去理解社会，它总是社会的一部分。正因为如此，人们对什么样的概念才能恰如其分地描述社会常常争议不断。譬如，"无产阶级"与"剥削"这两个概念在现代福利国家是否有其存在的合理性。

换言之，自然并不在乎我们如何理解它，但社会群体对我们如何理解其社会关系却并没有置若罔闻。由此可见，既然人们对自然的理解在诸多方面会影响其福祉，那么人们也就不会对如何去理解自然表现出冷漠。

第二节　气候变化：现世的灭顶之灾

一个有趣的事实是，科学家们过去经常发表有关世界发展进程中可能发生大灾难的言论，比如，我们可能正在走向一种集体性的灾难。14 世纪的学者曾提出过多种有关黑死病原因的解释，诸如黑死病是上天对罪孽深重行为的惩罚或对容忍异教徒的惩罚，或是下水道排出的污浊空气所引起的，等等。此外，在整个人类史上有过不少"彗星恐慌"，即认为彗星的突然出现可能是一种凶兆，这或许预示着"世界末日"的到来。实际上，神学和哲学里都有专门的章节论及世界终结的事情，即末世论。人们还给与世界末日有关联的重大事件创造专用名，如善恶大决战、世界毁灭。而在当代世俗版的世界末日论中，人类文明的衰亡或许隐含在诸如"没落"这样的词语中。[1]

因而，目前这种担忧气候的变化会成为人类居住的地球的末日预兆不过是一个古老话题的一种变形而已。然而，"这次情况有所不同了"，因为，除了可怕的预测外，文献资料和数据比以往更令人信服，这的的确确是无法避免的。

《经济学人》杂志的一个标题这样写道："人类已经改变了世界运行的方式。现在人类也不得不改变自己理解世界的方式。"[2] 然而，我们不知道的还有很多。因此，世界运行方式的改变也凸显了自然科学、社会科学和人文学科通力合作的必要性，同时也为这种合作提供了难得的机遇，并改变了我们对不同学科的任务和互动的理解方式。

第三节 政府间气候变化专门委员会发出的信息

原因很简单，那就是地球母亲已经发出了声音：响亮、清晰而强烈。联合国政府间气候变化专门委员会是其最为引人注目的专业的媒介平台。该委员会由联合国环境规划署和世界气象组织两个联合国机构在 1988 年联合成立，致力于评估"与了解人为因素导致气候变化风险的科学、技术、社会经济相关的信息"。[3] 作为一个科学团体，联合国指定由该委员会准备与气候变化及其影响有关的全方位的报告，并提出可行的应对策略。数千位科学家参与撰写有关报告，并由来自世界各地的、不同学科的研究人员对之进行严格审阅。1990 年，该委员会发布了首份评估报告。其发布的第四份评估报告"气候变化 2007"，提到了许多观测到的地球气候变化情况，包括大气成分、全球平均气温、海洋环境和其他方面的气候变化。报告得出了两个重要结论：

- "气候系统变暖的客观事实是不容置疑的。"
- "大多数观测到的自从 20 世纪中期以来全球平均气温的升高很可能是源于人类活动而导致温室气体浓度的增加而引发的。"

---

① 发表于 1920 年的《西方的没落》是德国历史学家奥斯瓦尔德·斯宾格勒基于文明兴衰周期循环理论分析西方的衰落的著作。最新的例证是英国历史学家阿诺德·汤因比发表于 1934—1961 年的长达 12 卷关于文明的兴起、鼎盛以及衰落的元历史研究的《历史研究》。

② 《经济学人》2011 年 5 月 26 日。

③ 最新消息，请参见 http：//www.ipcc.ch/。

下一份评估报告将于 2014 年公布。然而，政府间气候变化专门委员会传达的重要信息已很明确，那就是：温度在走高，冰川在融化，海平面在上升，天气正变得更加难以预料和更加恶劣，其影响无法改变也无法回避。这就是我们所面临的共同命运和共同未来。也就是说，对于人类而言，已经无路可逃。

该专门委员会还表示，全球变化并不是自然力量的独立作用造成的。确实，起决定性作用的变化过程还应该是与地球物理学、化学、气象学有关的。它们又转化为与生态学和生物学有关的生命过程，使得有些物种受到威胁、有些物种流离失所、有些物种繁荣兴盛。各种生命体都会受到这些变化的影响。

然而，自然界最强作用力的产生是由人的行为引起的，气候变化毫无疑问有其社会原因。

气候变化会造成大规模的社会后果。其中包括：农耕地退化；海平面上升吞噬沿海地区和大三角洲，同时增加了沿海地区土壤盐度；洪水和旱灾对农作物的毁坏；沙漠面积不断扩大。世界各大洲以及所属国家都将受到影响。①

然而，气候变化对各国的影响并不相同。不平等因此而加剧。水资源愈发匮乏，有关水资源的矛盾就更加尖锐；昆虫传播的疾病会扩散至新的地区；穷人越来越多；移民增加，更多人将成为气候难民；粮食危机成倍扩大，这将导致冲突日益增多。

简言之，国际社会所面临的问题将会更加严峻，我们将陷入更大的共同困境。在新的紧急情况中，责任最小的人却将遭受最沉重的打击；拥有最少资源的人将会面临最大的损失；贫困人口将会受到最大的冲击。

我们无法改变自然规律，但可以改变人类行为。我们有必要投入更多的精力去了解和宣传导致气候变化的社会原因，衡量其影响，评估其损失并提出补救方案，即投入精力绘制地图、测量参数、估算结果、协商和组织行动。

---

① 关于政府间气候变化专门委员会发表的关于极端事件的最新报告，参见《应对极端事件和灾难风险，提高气候变化适应力》。http://ipcc - wg2. gov/SREX/。

第四节　来自自然的声音

即使许多复杂的因果联系不为人们所理解，且我们的知识中也有许多空白，但政府间气候变化专门委员会已将诸多节点串起来。我们所掌握的信息已足够我们采取行动。

不仅如此，除了数千位科学家审议并支持政府间气候变化专门委员会的评估报告外，地球母亲也正直接向数百万人发出声音：2005 年的卡特里娜飓风只是诸多反常天气中的一例；2011 年澳大利亚的水灾则是其中的另一例；丹麦格陵兰岛和挪威的冰川正在融化；加纳和尼日利亚的沙漠面积在扩大。气候变化的影响在各大洲都能看到。

过去的几十年中，科学家的观察和报告以及一线人员的体验和讲述正在严重地偏离常态，或者更确切地说偏离了"自然"。① 所以，人类所面临的任务十分巨大：在世界人口持续增加，造成可持续发展的限制性因素之内，发起一场旨在提升贫穷国家生活水平至发达国家的新革命，以扭转自工业革命以来对环境所造成的损害。

事实上，人类此前从未遇到过一个影响如此广泛、规模如此巨大的工程，它需要前所未有的政治想象力、经济保证、尖端科技、政治能量和社会创造力。替代煤炭发电的办法、找到储藏二氧化碳的巨型空间、设计更高能效的汽车发动机、停止砍伐森林、使用清洁能源、解决地下水枯竭的问题，所有这些都需要引导性的创新、严厉的约束和更严格地控制所有工业活动——乃至所有人类活动。换言之，政治权力将不得不更多地介入所有的市场活动，各国人民也需要更多地改变他们的生活方式。各级政府将不得不更紧密合作，民众也应该要求政府承担更多的责任。为了实现目标，我们再也不能为所欲为了。

要点很简单，但也是根本：自然力量发挥作用的方式，正越来越多地随着人类活动的变化而变化，并且受到人类活动的制约。同时，自然现象和社会现象之间的关联性也正在增加，变得越来越强大、越来越紧密。可以说我

---

① 情况概要，参考《关于灾害风险综合研究的科学计划：应对自然和人为环境危害的挑战》（国际科学协会理事会，2008 年）。http：www.icsu.org/publications/reports – and – reviews/IRDR – sci-ence – plan。

们正在面临的,是一个自然力量和社会关系相互依赖的更强有力的全球性网络。自然界的物质、力量以及物种更多地和我们各个层面的个体、群体和社会行动紧密关联,每一个洲莫不如此。

既然如此,倘若自然科学家与社会科学家无法迫切有力地设定一个解决问题的共同议程,这将是他们的严重失职。倘若这些变化的进程相互影响,研究人员就需要联手行动。物理进程与社会关系之间的多元关联需要跨领域的分析来连接各个节点。

如果说对于进行跨学科研究曾经还有过某种质疑的话,那么现在的问题是:进行跨学科研究不仅会产生新的见解,它还可能为当下政治行动的一系列措施提供基础和动力,因为地球母亲正在发出的声音,我们不得不倾听。

第五节　自然科学与社会科学的争议和任务

常规科学往往是质疑各种假设、可替代的模型和不完整的数据,以及由此形成的各种不同的思想流派。[1] 科学家们有关气候变化的很多结论都极具争议性。[2]

如果说科学家们在气候变化的许多方面存在分歧,那从政者在这方面的分歧就更大了。他们代表的是受到气候变化不同程度影响的群体,这些群体常常在采取补救措施的成本方面存在着利益分歧,并会因此直接反对某些政策的出台。

的确,有些商业说客提出耗资巨大的气候措施会导致全球经济的衰退,这对发展中国家或贫穷国家并无好处;而有些人则持相反观点,他们认为近期的经济衰退为刺激绿色经济计划提供了论据,即"利用一揽子财政措施来推动绿色经济,抵制气候变化,同时恢复经济增长的可能性"。[3] 当然,在采取何种形式的制度安排来应对气候变化这个问题上,也存在着争议。譬如,国际货币基金组织认为,对最重要的与能源相关的温室气体二氧化碳征税可

---

① 最新的例子是经济学家们关于当前居高不下的失业率是否是由于人们拥有的技术和现有的工作岗位之间不匹配的争议,即目前失业率是结构性的。另一个解释认为失业率是周期性的,因此可以通过反周期(凯恩斯主义)政府开支加以降低。

② 一个例子是尤恩·隆伯格:"多疑的环境保护论者",参见其主页 http://www. lomborg. com/。

③ 《2010 年世界发展报告》(世界银行,2010),第 58 页。

能是经济上管理气候变化最有效的方式，胜过直接管制或者绩效评判。①

鉴于这些争议（关于现状如何、必须采取何种行动、谁来决定、谁来支付费用等），自然科学和社会科学各自的角色是什么？在政策制定过程中他们又该如何彼此支持？

基于人类活动的特定情况，自然科学应该认清当前趋势中的**各种关系**与**过程**，以及**可能的发展轨迹**——比如，温室气体排放、二氧化碳浓度、气温变化、海平面上升、降水量、地下水位、极端天气等。此外，还应该帮助评估**潜在单一事件**的可能性和**实际危害**，比如南极洲冰盖的瓦解、主要洋流的改变等。自然科学的另一项重要任务就是评估这些变化带来的生态效应以及生物效应，譬如对农田、农作物状况、生长模式等的影响。

在协助政策制定方面，社会科学的主要作用是**确定薄弱点**，**找出能够减轻影响的政策**，**并就增强活力和复原能力的制度设计提出建议**。因此，它们必须为以下类似问题提供答案：

• 有多少人将会面临诸如粮食短缺、水资源短缺、疾病、沿海洪水灾害和极端天气的威胁？

• 地理分布的危险状况如何：人们居住于何处，暴露于何种自然界的威胁之下（比如地震），处于何种人力建造的基础设施之中，处于何种社会情境之下，什么地区最容易受到诸如洪水、山体滑坡、气温升高、热浪、疾病类型等的影响？

• 哪些群体最容易受到最为严重的损害以及他们可能的反应是什么？

• 应该做些什么来应对以上危害，哪些基础设施和制度方面的改变才能降低危害并增强应对危害的能力？

• 谁最有可能要承担费用，或者谁最有可能反对采取干预措施？

问题的关键点是，社会结构的作用就像棱镜——大自然的变化会在具有不同社会架构的社区折射和传递出不同的社会影响。这种影响不仅视地球物理危害而定，也取决于社会经济条件和基础设施情况。在卡特里娜飓风中，新奥尔良遭受了巨大的环境危害，而具体的基础设施状况又扩大了其社会影响，比如防洪石堤修得不够、逃生通道很快被阻塞，当然还有其准备的不充分以及政治上的组织不善。社会组织的复杂性可能增加受灾地区的脆弱性，这不仅是因为它使得多方面的理解和互动变得较为困难，从而难以充分地做

---

① 《金融与发展》2008 年 3 月第 1 期，总第 45 期。

好准备,而且还因为在紧急状况下,各负责方也可能很快就因各种需要被考虑到的、但又相互矛盾的需求变得不知所措。各种自然事件的影响可能因为某一体系的建构而加重或者减轻,同时也能够由于例如人员的裁减、地域的独立性和应急系统等原因而消除。因此,研究需要就正确的变量是否包含在体系模型中以及对极端事件准备是否充分去开展。

　　显然,重要的未知因素之一就是人们打算如何应对。人们会出现恐慌吗?何种难以平息的社会冲突会进一步恶化?自然的危害与社会不平等之间的关联是什么?比如,在 2007 年 8 月印度比哈尔省的特大洪水中,新的例证由一个根本而残酷的发现引出:当社会共同体遭受灾难的时候,等级偏见进一步加深了。[1] 或者更通俗地说,就是在危机出现时,歧视加剧。其中的原因很复杂:一部分是结构性的(比如,较低社会阶层的人居住在那些被实施救援的城镇中心之外,下层阶级的人很难到达城镇中心,而等到他们千辛万苦到达城镇的时候,救援物资已经减少了);还有一部分是认知性的(官方认为社会底层的人即使一无所有也能幸存下来);另外还有政治性的(社会底层的人被驱逐出村落,因而他们没有民意代表)。根本的一点是:自然事件转化为社会危机和灾难,而破坏的方式是由社会结构所决定的,并受社会结构调节。[2] 恰如一本关于卡特里娜飓风的书中的标题所言:"从来没有所谓的自然的灾害。"[3] 防灾的准备、面对灾难的脆弱和灾难的影响,以及对灾难的应对和灾后的重建都是社会结构的功能,其中一些比另外一些的处境更危险。也就是说,自然灾难以何种形式发生是以它的社会背景为条件的。

　　因此,社会科学不得不为受社会结构制约的不同群体描绘其弱势分布图。换言之,就是社会学者必须弄清楚不同类型风险的起源,并且评估人们的选择和社会反响,以及有效的应对措施,还有这些措施被采用后可能产生的后果。社会科学还应该与人文科学一起,确立共同立场以促进政治选择的和谐与公正。

----

① 参见 http://www.nytimes.com/2007/08/29/world/asia/29iht – letter.1.7299556.html? scp = 5&sq = Bihar%20India%flood% st = cse。

② 飓风卡特里娜过后,新奥尔良地区呈现类似现象。令人好奇的是,1912 年泰坦尼克号沉海时,头等舱有 60% 旅客存活,二等舱有 40%,三等舱只有 25%。也就是说,头等舱成年男旅客比坐三等舱的孩子更有机会活下来。参见《泰坦尼克旅客死亡、存活以及救生船占有情况统计》,http://www.ithaca.edu/staff/jhenderson/titanic.html。

③ 查斯特·哈特曼、格雷戈瑞 · D. 斯夸尔斯:《没有可以称之为自然灾难的东西:种族、等级以及飓风卡特里娜》,劳特利奇出版社 2006 年版。

在过去的几十年里，自然环境和社会环境的变化间的联系得到了增加和强化。尽管有关气候变化相互间的基本关系已经在科学层面较好地建立起来，但对其带来的社会、政治、经济方面的反应我们还知之甚少，也更难以预测。然而，对其影响和反应的不确定或者根本就不知道，不能把我们引向失败主义，相反，它们应该激发我们进行更多研究并设计出解决问题的更好模式。

自然科学和社会科学还有一个不同之处。经典自然科学主要研究静止动力学，即受永恒定律所支配的物理现象或者化学现象。生物科学是研究渐进发展的，它描述的是持续不断发生转变的系统，无论是单个的个体、物种还是生态体系，尽管这些发展都受到物理定律和化学定律的制约。社会科学也描述进化实体，就像人文科学一样，其要解决的是可以改变的体系——通常是不可逆的——无论是有意的行为还是作为某项有目的行为的一个副产品。实际上，最终发生的将是行为而非意图的结果。

第六节 科学和政策上的解决办法

科学知识能否迅速拨云见日以及解决问题？专家们是否能胜任这项工作？科学能否拯救我们？我看未必，因为科学不只是明确证据所支持的真理，它也包含关于假设、推测，以及被部分证实的和相互冲突的观点。建立共识向来不易，因为科学就是要挑战传统智慧，并给出另类的解答。

因此，与其说是科学家提供了明确的结论，倒不如说政策制定者经常面对的是不同的、实际上是相互竞争的思想流派。研究人员通常使从政者在做出明智抉择时更困难，而非更容易，因为他们给出的是互相冲突的论据。罗纳德·里根以要求给他找一个"单视角经济学家"而闻名，因为经济学家们在回答总统的要求时总是习惯地说"一方面如何，另外一方面如何"。同样，研究人员或许也不会减少公众的困惑，而是让公众更加不安和不知所措，因为他们做出的对于正在发生的事情的解释可能不止一种。

相互冲突或矛盾的解释使公共场所演变成了战场——在这里，官方与媒体时常处于冲突之中，尤其是在紧急状态下，官方想咨询专家、筛选证据、评估危害、寻找应对方案时；媒体则要求全面公开、开放资源并做出清楚的决定，而且要求速度快。[①] 近年来，随着社会化媒体的扩张，这种局面不仅

---

① 参考 informajonskriser（NOU1988；19）。或参见古德曼·赫内斯《信息危机》（未发表的手稿）。

没有缓和,反而进一步恶化。社会化媒体可以迅速地将信息传递给数以万计的受众,而未经处理的有选择性倾向的博客内容的扩散以及 YouTube 的可访问性使得任何人都可以上传瞬间吸引成千上万人注意力的视频,同时发生了什么以及应该采取什么措施影响着人们的看法。①

自然体系与社会体系的联系越是紧密,就越需要**自然科学与社会科学开展联合研究**。② 很显然,从水资源短缺到海洋渔业的贫乏,从大规模流行病的威胁到海啸的危害,自然科学有关全球变化将影响一切事物的观点将不得不借助于社会科学,同时也对社会科学提出了挑战。实际上,对社会科学而言,当前的困境可能成为其进行革新的巨大源泉,可以借此颠覆某些有关社会、经济和政治生活的基本假设。

社会科学必须更多地聚焦于环境变化所引发的、又反过来被社会结构所改变的那些**社会进程**。

仅举一例:二十年前,政府间气候变化专门委员会在其第一份评估报告中写道:"气候变化最严重的影响可能发生在人类迁移方面。"③ 2008 年,环境正义基金会预测,到2050 年将会有 1.5 亿环境难民,全球 10% 的人口将面临因气候变化而被迫迁居的风险。④ 显然,这种人口迁移的规模和类型是以前从来没有过的。这让人不禁要问,一旦到了无法挽回的地步,那些失去传统居住地的人千方百计搬迁到这个拥挤的地球上其他已经有固定人口居住的地区时,是否会起激烈冲突。

但是,社会科学还须聚焦于**社会体制**,既要研究这些体制是如何发挥功能的,又要研究如何才能对它们进行重新设计。

仍然只举一例:气候变化所影响的**范围**(受长远的发展趋势、外流人口和自然灾难影响的地区)和政治制度的**界限**及当局的管辖权之间并不匹配。换句话说,一个国家制定决策的外部因素和决定这种外部因素的制度之间存在着不一致。因此,就造成了受益方与承担责任和付费方之间的背离。

另一个问题是我们能否改变当前的趋势,或者说我们是否必须去适应这种不可逆的改变。显然,这又引出了重要的**代际问题**,并对人文科学要采用

---

① 2011 的年"阿拉伯之春"就是一个例证。

② 参看第三章第六节:全球不断变暖,气候变化难以逆转。

③ 联合国政府间气候变化专门委员会的首份评估报告:《政府间气候变化专门委员会影响评估工作组报告》,剑桥大学出版社 1990 年版。

④ 环境正义基金会:《没有比家更好的地方:气候难民将去向何方?》。

什么样的道德准则来解决这些问题提出了挑战。

这不仅仅是管理问题，而且是深层的、令政治和社会进退两难的问题，其挑战和对抗着我们进行制度设计的能力。

自然体系与社会体系的紧密关联也为自然科学提出了新的问题。的确，地质学家为新的地质时代创造了一个新名词："人类纪"或"人类时代"。在这里，"人类已经成为一股在地质层面上重塑地球的自然力量"，其中许多"自然过程被打断了、改变了，更重要的是被加快了"。[①]

再举一例：人类建造的近五万个大坝切断了河流的含沙水流，这使得入海处三角洲被侵蚀的速度远远超过它们恢复的速度，使得数千万人的栖息之地处于危险之中。[②]

对于这些挑战，我们或欢迎或失望，但我们无法对其拒之不理。人类改变其栖息地的力量以及这对人类福祉的影响为整合性研究确立了新的议程。事实上，人类所引发的气候变化已经改变了人们思考自己与环境间相互作用的方式。我们现在要研究的问题是这一切是怎样发生的。

---

① 参见《欢迎来到人类纪》，《经济学人》2011 年 5 月 26 日。http：//www. economist. com/node/18744401。"人类纪"这个术语是由生态学者尤金·斯托莫所创，并由诺贝尔获得主、大气化学家保罗·克鲁岑广泛传播。简要概况参见 http：//en. wikipedia. org/wiki/anthropocene。完整报告参参见 EFS/COST RESCUE, Task force on "科学问题"，载《人类纪的挑战：社会科学和人文科学对改变人类现状的贡献》（2011）。

② 《经济学人》2011 年 5 月 26 日。

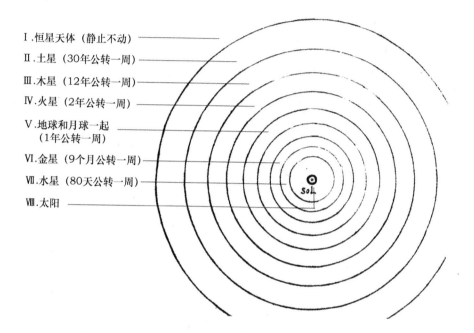

Ⅰ.恒星天体（静止不动）

Ⅱ.土星（30年公转一周）

Ⅲ.木星（12年公转一周）

Ⅳ.火星（2年公转一周）

Ⅴ.地球和月球一起
（1年公转一周）

Ⅵ.金星（9个月公转一周）

Ⅶ.水星（80天公转一周）

Ⅷ.太阳

哥白尼手稿《天体运行论》（1543年）中的太阳系日心说宇宙模型图（由外到内）：Ⅰ. 恒星天体（静止不动）；Ⅱ. 土星（30年公转一周）；Ⅲ. 木星（12年公转一周）；Ⅳ. 火星（2年公转一周）；Ⅴ. 地球和月球一起（1年公转一周）；Ⅵ. 金星（9个月公转一周）；Ⅶ. 水星（80天公转一周）；Ⅷ. 太阳

第二章 "生态革命"

本章提出：20 世纪后半叶，公众的认知与看法发生了巨大的变化。也就是说，对于地球及其居住者，特别是人类自己，公众的观点发生了根本性的，而且无法逆转的改变。这次改变与 17 世纪首次提出新的宇宙观一样是一个分水岭。

哥白尼革命无疑是现代人思维方式最重大的改变之一。的确，我们可以说哥白尼革命象征着**现代人**这个概念首次登上历史舞台。不仅太阳取代地球成了宇宙的中心，更重要的是，哥白尼革命亦是日后科学革命的核心。它带来的不仅是新的观察结果以及与之相应的新的宇宙模式，还有新的思维方式，即所谓的"科学方法"。旧有的知识规则分崩离析，新的宇宙观以及人类在宇宙中的位置被提了出来。

哥白尼范式是由许多的关键性要素所组成的，这些要素来自不同学者。它们包括：第谷·布拉赫的观察记录、开普勒的行星运动定律、伽利略的发现以及牛顿的合成物理。阿瑟·库斯勒对这一"欧洲人思想的突变"做了如下概括：

> 他们的发现所引起的技术革命是意料之外的产物；他们的目标并非征服自然，而是理解自然。然而，他们对宇宙的探索破除了中世纪以来的观念，即宇宙是有界的，在有界的宇宙中，社会秩序亘古不变，且道德价值等级有序。与此同时，他们的发现也彻底地改变了欧洲的风貌、社会、文化、人们的生活习惯以及世界观，犹如一个全新的物种出现在了这个星球上。①

---

① 亚瑟·库斯勒：《梦游者们：人类改变宇宙观念的发展史》，企鹅出版集团 1964 年版，第 9 页。

然而，直至几个世纪后，公众才普遍接受这一全新的宇宙观。事实上，即便在今天，也只有五分之一的美国人坚信地球是围绕太阳运转的，而且其他发达西方国家的情况也不见得好多少。① 大家也许会注意到，在美国，接受达尔文进化论的人的比例从 1985 年的 45% **下降**到了 2005 年的 40%。②显然，让科学理念真正为普通公众所接受还需要很长的时间。

20 世纪后半叶，公众舆论还出现了另外一个重要的变化。这种变化也极大地受到了国际学者共同体提出的新概念和新愿景的影响，即对地球本身认知的改变。这种变化可被称为"生态革命"。

这种对世界看法的变化包括好几个方面的内容，其中的转变有：

（1）从地球被视为**无限的**到被视为**有限的**。实际上，有些资源是有可能被耗尽的，而且我们"没有别的星球可以开发"。③

（2）从地球被视为具有极强的复原能力，能从它所遭受的冲击与破坏中恢复过来，并清除自身日益加剧的副作用如污染，到地球被视为具有令人不安的脆弱性，极可能遭受破坏。④

（3）从认为不同的自然过程（如干旱、飓风、污染排放）与社会过程（如能源使用、贫困、危机）是彼此分离的或者说至少是联系松散的，到认为二者具有固有的紧密联系和因果关联。

（4）从将大自然视为人类生存状况的主宰，到人类作为决定自然环境的重要因素。**人为因素**就是将人类视为环境与气候变化的关键原动力而创造的术语。

---

① 在探索更为通用的测量知识的方法时，盖洛普也提出了以下的基本科学问题，该问题已经被用来说明近些年来在两个欧洲国家中公众的知识水平。这个问题是："据你所知，是地球绕着太阳转还是太阳绕着地球转？"新的民意测验结果显示，将近4/5（79%）的美国人作了正确回答，说地球绕着太阳转，而18%的人则认为是相反。这一结果与 1996 年在德国问类似问题时所得结果基本一致，民意测验显示74%的德国人给出了正确答案，而16%认为太阳绕着地球转，还有 10%的人回答说不知道。同年，在问英国人这个问题时，67%的人回答正确，19%的人回答错误，14%的人不知道答案。http://www.gallup.com/poll/3742/new-poll-gauges-americans-general-knowledge-levels.aspx。

② 米勒·JD、斯卡特·EC、冈本·S：《科学交流：进化论的公众接受性》，《科学》2006 年 8 月第 313（5788）期，第 765—766 页。

③ 参见保罗·克鲁格曼《没有星球可以开发》。http://www.nytimes.com/2008/04/21opinion/21krugman.html? ref = paukrugman。

④ 美国前副总统艾尔·戈尔首先在《平衡中的地球：生态和人类的精神》（霍顿米夫林 1994 年版）这本书中，后来又在幻灯片放映中和当时被拍成的名叫《令人为难的真相》的巡回演说纪录片中对这种结果给出了最能引起共鸣，也最有效的描述。

（5）从认为世界被分为不同的实体和系统，到认为地球是一个巨大且单一的复杂体系。的确，一个全球的共识是，生态影响不可能只出现在一国的国境之内，它可能变成地区性或者全球性的问题。

（6）从认为公民的福祉是由自己国内所决定的，到承认它越来越受他国政策的影响，而且常常是受离本国相距甚远国家的政策影响，而做出这些决策的人几乎不会去关心自己的决定将给他国带去的影响。

（7）从认为宇宙是亘古不变的以及地球的总体进程是稳定且可预测的，到意识到这种进程日益交错，形成了动态的复杂性，且这种动态复杂性的频繁出现可能会引发极端事件，如气候异常。

（8）从认为对诸多人类决定所带来的聚合效应做出的集体反应是无关紧要的或者说是无效的，到意识到广泛的**集体行动是不可避免**的。

（9）从认为地球上所发生的一切在本质上是周而复始的，到意识到这种复杂性与矛盾可能会是一个**引爆点**，会引发难以逆转的变化。

（10）从设想人类各民族和各群体继续延续从前的生活方式，到预感到集体行动——确切地说是全球行动，已经迫在眉睫。

第一节 认知要素、政治要素和道德要素

我无意说服当下每个人都认同或接受书中所提到的所有观点，也不认为这些基本原则在每个人的心理逻辑上都是连贯的。然而，我认为，自1945年以来，一场**认知革命**已经展开：不仅仅是科学界，越来越多的公众也日益把自然界的变化和社会的变化看作是互联互通的。我不能说公众的态度转变是线性的和渐进的，因为其间有前进，也有后退。但公众的看法确实出现了普遍的变化，越来越多的人认为人类栖息的地球已经处于危险之中。

不仅如此，同一时期还出现了**政治上的分水岭**。**即**，公共议程发生了改变，人们越来越关注环境问题，认为"必须采取措施了"！这从越来越多的国家纷纷建立起环境部和环保机构或采用国际公约保护环境的举措中可以得到证明。

这次转变可以用另一种方式表明其特点：人类在地球上的地位由起初受制于自然力量的**客体**转变为**主体**，即人类对环境的需索和改造日益增加，而往往又对随之而来的后果知之甚少（如过度捕捞）。换言之，曾经人类的财富取决于大自然的慷慨赠与，如今人类为改变际遇而采取的有目的行动，却

由于复杂的社会和自然进程而变得事与愿违。人类对社会和自然进程的认识不够,但它们却可以给人类福祉造成毁灭性的后果。不客气地说,我们可以说这是大自然对人类目光短浅地追求个人私利的惩罚。

尽管越来越多的人已经达成了"必须采取措施了"的共识,但对于该做什么、谁来做以及怎么做的问题还没达成共识;对于拖延和懈怠,从长远来看会产生何种后果意见也未统一。认知革命的确已经出现了,但在会产生何种结果上留有争议。人类是改变自身环境的主体,但对整体的、间接的、长期的影响知道得并不多,而且对应该采取什么样的行动存在着不同看法。有人否认环境的影响,还有人集体反对出台应对措施。

新的观点认为,人类绝不能控制自身命运或由宇宙主宰的事物未来的发展进程。但实际情况是,妖怪已被放出了瓶子,人类却无法掌控。也就是说,地球上的人类没有建立起一种体制基础来应对他们制造的问题。正如前一章所提到的,人类活动的影响范围与社会结构能够应对这些影响的能力并不匹配。此外,问题不仅在于人类活动所产生的后果太晚才被认识到,因而未能及时影响政策的制定。事实是,即便认识已经到位,但由于政治体制的不完善或责任义务分配上的分歧,行动也会被推迟,2009 年哥本哈根气候大会的失败就是例子。

前面概述的目的是为了把这份报告的焦点放在"二战"以来人们思维方式的改变上。可以用时下流行的"生态革命"一词来描述。它包含三个关键要素:

●**认知**要素:关于大自然如何运作的观点,尤其是对地球困境看法的转变;

●**政治**要素:表现为呼吁采取行动,发起新的运动,改变立法,在地方、国家、地区和全球层面建立新的体制机制;

●**道德**要素:表现为讨论应该用什么样的原则来指导政治行为,如何分配责任和承担义务(如预防原则、污染者付费原则、等价原则等)。

第二节　态度转变:事件驱动,却曲折往复

还有一个原因可以用来说明这种公众思维的普遍转变。这种转变不是随着人们的认识和担忧的稳步上升而线性发展的,也不是因为各种不同的观点日益融合而成为一种全新的一致的看法。诚如阿瑟·库斯勒半个世纪前所

写的：

> 人们通常把科学的进步看作是完全而理性地沿着不断上升的直线前进的，而实际上它走的却是一条曲折的路，有时甚至比政治思想的演进更让人摸不着头脑。特别是宇宙论的历史，可以毫不夸张地说，它就是一部集体痴迷和有节制的精神分裂史；有些最重要的个人发现的获得方式，让人觉得与其说是电脑的运算结果，倒不如说更像是梦游者的误打误撞。①

"生态革命"也经历了曲折的历程。在此过程中，人的意识经过突然的震撼之后，获得的经验教训往往会消散变弱，需要某些特定的事件来再次激活。从这方面来讲，人们观点变化的曲线跟全球气温的变化曲线看起来有点相似，它不是每年都上升，而是在平均气温不断上升的过程中有升有降。因此，尽管人们的认识和担忧在上升，但最近公众对气候威胁的相信程度反常地出现了急剧下降。（详见图4-10）

部分原因可能是所谓的"气候现实主义者"或更极端地说是"气候变化的否认者"所持的刻意与众不同的观点。一个显著的例子就是"气候门"事件。这一著名术语描述的是英国东英吉利大学的几千封邮件被公之于众，声称相关文件证明研究人员篡改数据、隐藏信息，试图压制异己观点。② 这一事件"给全球变暖这一说法和人们对科学家的信任度造成了极大的负面影响"。③ 公众对人类活动影响气候以及全球变暖是一种威胁的相信度下降，也体现在类似"气候疲劳"这样的说法中，即，部分公众会产生厌烦情绪而对卡珊德拉预言或"总是喊狼来了的孩子"产生冷漠。

政治方面的失败，如2009年的哥本哈根气候大会未能产生强大而具有法律效力的联合公报，也影响了公众舆论。如果世界领导都无法达成共识，普通老百姓又有什么可担忧的呢？如果未达成决议但是有了意向趋势，又应该由谁来主导呢？此外，公众舆论不仅受警示和劝告的影响，且在即使知道

---

① 参见亚瑟·库斯勒《梦游者们：人类改变宇宙观念的发展史》，企鹅出版集团1964年版，第11页。

② 大卫·A.法赫德、艾泊林·朱丽叶：《在电子邮件中，全球变暖的科学是争论的焦点问题》，《华盛顿邮报》2010年12月5日（http：//www.webcitation.org/5or5yyZYh）。

③ 参见《耶鲁关于气候变化的F&ES工程通讯》。

后续的污染排放会给环境造成破坏性的后果的情况下，也会受到对创立新产业的需求或对工作的需求的鼓吹的影响。

因此，虽然越来越多的人意识到环境受到了人类活动带来的负面影响，但就所需的应对措施方面还未达成一致。进行综合研究要解决的一个关键问题是，出现这样的情形是因为缺少知识、缺乏共识、没有共同的紧迫感，还是因为未能找到各方都能接受的责任分配的道德准则？

　　黑沙滩上的蓝色冰山，该冰山来自冰岛南部的瓦特纳冰川。阿肖克·罗德里格斯摄，来自 iStockphoto 图片库

第三章 改变世界的七大事件

本书要讨论的基本主题就是上文所提到的所谓的"生态革命"。换言之，本书要讨论那些波及广却不均衡、不稳定，且时而发生逆转的公众看法是如何产生的。

作者的核心观点是，"二战"后，人们针对环境问题在思维方式上的改变不是一个缓慢的和日积月累的进行观察、信息梳理，并通过理智推理、保持逻辑一致并最终达成共识的过程。相反，公众在看法上的这些变化是由那些颠覆人们想象、动摇人们的假设、激起人们的思想火花、彻底扭转人们的认知、引发各种争议并给人以重要经验教训的事件所引起的。事物表现出来的长期发展趋势也是由一次次的意外或灾难凸显出来的。而在种种"关键时刻"中间，人们的注意力往往不济，对事件发展的关注度弱化，而且失去了冲劲。然而，随着时间的推移，所获得的经验教训已融合为人们条理更加清楚、传播范围更加广阔的世界观，一种对人类共同命运的新的和充分的描述。

在这一章，笔者将一一描述七件这样的重大事件，并对人们态度和思维方式变化过程中的一般问题展开讨论。

第一节 广岛原子弹爆炸后的余波

原子弹爆炸后留下的前广岛县工业展览中心圆形屋顶废墟。该建筑物 1945 年 8 月 6 日被人类历史上使用的第一颗原子弹摧毁。朱尔斯北野摄,来自 iStockphoto 图片库

如果要给前一章所说的"生态革命"，即人们对地球的脆弱性和人类处境的不稳定性的新认识，选择一个起始的日子，那 1945 年 8 月 6 日星期一应为首选。① 这一天是美国为迫使日本无条件投降而在广岛投下第一颗原子弹的日子。三天后的 8 月 9 日，美国又在长崎投下了第二颗原子弹。在此次原子弹大爆炸中，广岛有约 7 万—8 万人当场丧生，而到 1945 年底的这段时间里，又有约 2 万—8 万人陆续死亡。由于原子弹辐射对健康的长期影响，到 1950 年，据估计有超过 20 万的广岛居民死亡。而在长崎，到 1945 年底为止，死亡的人数就已上升到 8 万人。

除了巨大的人员伤亡，原子弹还有一种近乎标志性的象征意义：蘑菇云成为新的大规模杀伤性武器的象征。这是具有分水岭意义的大事件，它揭开了后来称之为"原子时代"的帷幕。

这两次原子弹爆炸事件经报道公之于众后，引发了人们对它们在促使日本投降中的作用以及使用这类武器道义上是否正当等问题的旷日持久的争论。原子弹的使用以及制造原子弹的知识不仅在国际科学团体，同时也在国际政治团体，乃至世界各地的普通民众中传播，并引起了人们对人类的创造性力量和人类的破坏性能力的新认识。这次原子弹大爆炸事件也激发了不同类型的政治反应，例如冷战初期不可或缺的军备竞赛以及波及全球的反核运动。事实上，可以说，正是这种外在的连锁反应导致了人们精神上的连锁反应。

制造原子弹所需的基本物理学知识公众早就熟知了。也就是说，尽管那些理论公式还没有变成工厂，但制造原子弹在理论上早已就绪。1939 年10 月，爱因斯坦写了一封给美国总统富兰克林·D. 罗斯福的信，信中提醒总统纳粹德国可能会发展核武器。于是，就有了曼哈顿计划。该计划雇员达13 万人，由英国和加拿大的大学和教授共同参与合作，最终生产出 1945 年8 月用于轰炸日本的原子弹。早在第二次世界大战时，不仅美国在开展开发和制造核武器的研究，德国、英国、日本、苏联等国也在开展这方面的研

---

① 这是有关导致第一次原子弹爆炸的科学和工程工作以及有关导致广岛和长崎原子弹爆炸的政治和军事决定的文库。其一个重要的来源就是理查德·G. 惠勒特和奥斯卡·E. 安德森所著的《新世界——1939—1946》（宾夕法尼亚州立大学出版社 1962 年版）。也可参见罗伯特·容克所著的《光芒万丈——原子科学家们的个人史》（霍顿·米夫林出版社 1958 年版）。维基百科也有几篇好文章描述曼哈顿计划、核武器、核军备竞赛、核时代、帕格沃什会议、原子科学家们的公告、反核运动，等等；还有重要人物的自传，像 J. 罗伯特·奥本海默、恩里科·费米、爱德华·泰勒，等等；当然还有阿尔伯特·爱因斯坦和哈里·S. 杜鲁门。

究。事实上,各国还纷纷开展了相当多的情报工作,以追踪自己敌人和盟友的核武器研究情况。为了牵制和阻止对方发展核武器,有些国家还组织了军事干预。例如,为了阻止德国获取重水,挪威破坏了在留坎的重水生产。在"二战"中,反对纳粹德国的主要盟国都研发了核武器。美国是在第二次世界大战期间制造的核武器,其他国家紧随其后。苏联、英国、法国以及中国分别在1949年10月、1952年、1960年和1964年进行了首次原子武器测试。由于无法控制原子弹制造知识的传播,制造原子弹的国家越来越多。印度、巴基斯坦以及朝鲜等国也分别在1974年、1998年和2006年进行了原子弹试验。此外,以色列也早在此之前获得了核武器。于是,人们创造了一个术语来描绘这种大规模杀伤性武器和相关技术的蔓延——"核扩散"。

原子武器不仅扩散到了越来越多的国家,而且随着时间的推移,核武器本身也越来越具有杀伤力。基于原子核裂变的"原子弹"的出现,之后又有了基于热核聚变的"氢弹"。第一颗试爆的氢弹释放出的能量是广岛原子弹爆炸的500倍。美国是在1952年11月进行第一次氢弹试爆的。三年之后的1955年,苏联也试爆了第一颗氢弹。紧接着,英国在1957年的11月、法国在1968年的8月也都引爆了氢弹。历史上,威力最大的氢弹是苏联1961年10月30日在新地岛引爆的代号"沙皇"的氢弹,其威力相当于投放在广岛的原子弹的2900倍,这比"二战"期间使用的所有炸弹的威力之和还要大10倍以上。

在冷战中,围绕核武器的发展还出现了许多间谍活动和戏剧性的事件。其中,媒体最为关注的可能要数逮捕和控告尤利乌斯和埃瑟尔·罗森伯格,后来两人在1953年被处以电刑。

核武器的扩散以及其巨大的威力曾经引发了很多新的政治上的担忧。

其风险之一就是,这些核武器被有意地用来解决冲突,就像广岛和长崎的原子弹大爆炸。人们害怕这样会造成"核灾难"。然而,武器系统发展的同时,应对武器系统的战略性思维也发展了起来。比如把核武器储存在几乎无法穿透的混凝土发射井内,这样就能够逃过 B-52 和其他空中远程轰炸机的"首波攻击",或者把核武器连续好几个月储存在海底漫游的潜艇里,那样就不可能被发现。这些措施背后的战略考虑,就是要确保"第二波攻击"的能力,即确保反击首次核打击的可能性。① 新发展起来的战略范式体现在

---

① 见维基百科上的文章"恐怖均势"(http://en.wikipedia.org/wiki/Balance-of-terror)、"威慑理论"(http://en.wikipedia.org/wiki/Detterrence-theory)和"确保相互毁灭"(http://en.wikipedia.org/wiki/Mutual-assured-destruction)。

"MAD"，即"确保相互毁灭"这个概念中。这一战略原则促使双方去拥有在受到对方攻击的情况下能以同等或者更大的力量进行还击的能力。由此，双方都不敢攻击对方或者说都无法产生攻击对方的动力，因为这样如同走向自我毁灭。这一战略原则是冷战思维的核心，同时也是美国和苏联开展军备竞赛的原因，即，双方都力图保持核均势。作为一个战略原则，它持续影响着各种决策，比如关于"星球大战"计划的决策。美国的星球大战计划就是基于这样的理论，即该系统可以避开敌人发动的首轮攻击。

　　然而，还有一种担忧，就是核灾难也可能会由偶然因素、计算错误或者沟通方面的误解而引发。特别是 1962 年 10 月古巴导弹危机之后，当时整个世界处于核战争的边缘，人们愈发担心这个世界是否会卷入一场意外的核战争中。① 那次导弹危机所产生的结果之一就是建立了"红电话"，即在 1963 年 6 月 20 日，两个超级大国之间建立了连接白宫和克里姆林宫的热线。此后，2004 年印度和巴基斯坦开通了热线，2008 年美国和中国开通了热线，2011 年印度和中国也开通了热线。②

　　关于怎样思考、开发、生产和控制核武器技术的话题不仅引发了政治家和战略家们的激烈讨论，核武器问题还促使学术界就此进行了广泛的动员和激烈的争辩。此外，科学家们也积极地告知公众由核武器造成的危险。例如，《原子科学家公报》在广岛原子弹爆炸之后，就承担起了向公众宣传原子战争的巨大危害和毁灭性威力的责任。该杂志是由之前参与曼哈顿计划的物理学家们所创办的，其中最引人注目的新闻策略是印制在《公报》封面的"末日之钟"。"末日之钟"创立之初，指针设置为距离零时 7 分钟的地方。随着时间的推移，"末日之钟"的指针也被逐渐调整到距离零时越来越近或距离零时越来越远的刻度上。上一次的调整是在 2010 年 1 月，当时指针被回拨 1 分钟至距离零时 6 分钟的刻度上。"末日之钟"就像"和平按钮"一样成为原子时代的一个普遍标志。

　　新的政治组织建立了起来，用以宣传公众观点并动员大家积极行动。一个突出的例子就是帕格沃什会议。帕格沃什会议是 1955 年爱因斯坦－罗素宣言的产物。③ 该宣言是由十位诺贝尔奖获得者（还有一位没有获得诺贝尔

　　① 研究古巴导弹危机的经典著作是格雷厄姆·艾利森的《决定的本质——解释古巴导弹危机》，布朗出版社 1971 年版。

　　② http：//en. wikipedia. org/wiki/Hotline。

　　③ 了解整个文章，参见 http：//www. pugwash. org/about/manifesto. htm。

奖的著名物理学家）共同签署的，其在道德上的必要性来自新发现的人类种族自我灭绝的能力：

> 据可靠证据证实，现在可以制造出威力是摧毁广岛的原子弹2500倍的炸弹。这样的炸弹，如果在近地或者水下爆炸的话，可把放射性颗粒释放到高层大气中，然后再慢慢地以致命的尘埃或雨水的形式降落到地球表面……没人知道这种致命的放射性颗粒的扩散范围会有多大。但公认的权威人士们一致认为，氢弹战争说不定有可能会让人类灭绝。人们担心如果在战争中大量地使用氢弹，将会导致人类的大规模死亡，其中瞬间死亡者只占少数，多数人则会在疾病和身体腐烂的折磨中慢慢地死去。

这个宣言的最后还给人们敲响了警钟：

> 作为人类，我们要呼吁人类：铭记你们的人性，忘记其他。只有这样，你们眼前的路才会通向新的天堂。否则，你们就将面临世界末日的危险。

该宣言还吁请全世界的科学家和公众都赞同以下决议：

> 鉴于未来的世界大战中一定会使用核武器，而这种武器又会威胁到人类物种的延续这一事实，我们极力主张世界各国政府认识到并公开认可，他们的目的不可能通过世界大战的方式达到。因此，我们力劝他们找到和平的方式来解决争端。

1995年，帕格沃什会议获得了诺贝尔和平奖。

公众的广泛动员远远超过了帕格沃什会议。最显著的例子可能就是**核裁军运动**。这次运动始于英国，并于1958年举行成立大会。[①] 核裁军运动除了

---

① 早期，其他杰出的公众人物就已经提出了核武器的潜在威胁，比如1952年的诺贝尔和平奖得主阿尔伯特·施韦泽。参见其1954年的演说，http：//nobelprize. org/noble - prizes. /peace/laure-ates/1952/schweitzer - lecture. html。在1957年他出版了"良心宣言"，阐释了明确反对发展、测试和开发核武器的公开立场。

著名的奥尔德马斯顿反核大游行外，还有其他在"禁止使用核武器"口号下进行的携带"和平按钮"的抗议示威游行。这次核裁军运动成为许多国家类似运动的模型。

政府政策和各种各样的情报战在无形中强化了人们对原子武器的**威胁意识**。例如修筑核武器"避难所"，并忠告人们一旦受到核打击时应当怎么做、应当储存哪些食物、定期检测人防警报等。

不仅更大规模的核爆炸和核扩散被认为是一个越来越大的威胁，导致核辐射的新的大规模杀伤性武器测试本身也日益成为公众关注的一个严肃问题。核辐射指的是核爆炸之后扩散出微小颗粒或尘埃。由于核爆炸的热核等离子体可以上升到 40 公里之外的大气层，这就意味着即使是局部爆炸，核辐射也可能遍及全球。核辐射会污染饮用水或土壤，因而会进入和聚积在食物链中。"锶 – 90""盖革计数器"以及"指数衰减"等这样的概念为公众所熟知。公众对核战争危害的担心也表现在了流行文化中，例如在琼·贝兹和鲍勃·迪伦的抗议核战争的歌曲以及**《海滩上》**或**《奇爱博士》**等电影。

全球对核试验所产生的辐射的担心可以追溯到具体的日本金枪鱼捕捞船灾难事件。[①] 当时，**第五福龙丸号**，即"**第五福龙丸号渔船**"受到了美国 1954 年 3 月 1 日在太平洋比基尼环礁热核武器测试的污染。该渔船、其船员以及所捕捞到的鱼被一层白细粉尘覆盖——来自于美国"城堡行动"的一系列露天热核武器测试的核微粒。几天后，23 名船员开始感到头痛、恶心，一周后暴露的身体部位出现皮疹和酸痛。不到 7 个月，船上的首席报务员死于急性辐射综合征。美国政府拒绝透露污染源，并对此矢口否认。然而，美国食品和药物管理局却严格控制金枪鱼的进口。[②]

第五福龙丸渔船事件预示着由于放射性沉降物遍及全世界而导致全球环境污染危机的开始。它暴露出了各种各样的危机，包括现实的和想象的，即可以检测到的核试验残余的放射性物质对空气、水和食物以及世界人类的健康造成了威胁。从直接意义上讲，**第五福龙丸渔船**事件引发了一次横跨太平洋的危机。日本和美国的医生在"第五福龙丸渔船"船员的诊断和治疗上的争论，加剧了两大盟国之间的紧张关系。然而，环境中发现的挥之不去的放

---

① 详细彻底地了解，参见小田利广·樋口的哲学博士论文《1954—1963 放射性沉降物、政治危机和全球环境危机的形成》（乔治大学文理研究所，2011 年）。

② 了解概貌，参见 http：//es. wikipedia. org/wiki/Daigo – Fukury% C5% AB – Maru.。

射性的物质,将整个日本变成了"**另外一个第五福龙丸号**",并把这一危机带入了一个新的阶段。①

此种情况是由好几个因素造成的。媒体的闪电式宣传抓住了日本全国的注意力。详述如下:第五福龙丸渔船的船员们成了继广岛和长崎后第三批原子弹的受害者;在受害者的诊断和治疗上美日有争议;"原子金枪鱼"引发公众关注,导致金枪鱼价格暴跌;何处设立安全标准成为争议话题;后来,"放射性雨"和受污染的雨水,以及"放射性"鱼、水稻和蔬菜也成为一个争议的话题。可以说,公众对危机有了新的认识。草根群众的禁核运动开展起来,并获得了广泛的支持。这些争议也进入了美国和苏联的冷战冲突和他们的宣传活动中。在日本,首相岸信介也支持公众对危机的看法,并且开展外交活动,阐述反核试立场,以在一定程度上重获公众对政府的信任。从时间视角上看,危机从对个体的直接影响扩大到了对整个人类长期的致癌影响,再到对后代潜在的遗传性的影响(辐射性损伤和出生"畸形婴儿")。在科学家中,对核武器的争议不断增加,而人们对像美国原子能委员会这样的政府部门的信任度却降低了。在美国有一种担忧,认为禁核运动可能破坏基于原子武器的安全体制,也就是说有一种对核武器的恐惧。②

于是,可以说,不少问题被聚集到一起了,并形成了新的舆论结构。这种新发现的核辐射危机不仅在日本而且在全球都产生了一种有关潜在危险的新意识。这种危险是人为的,却又几乎是暴露于其中的所有人都无法控制的。

科学的警示和公众的焦虑所产生的最重要的政治结果是终止核试验。世界各国经过多年的协商谈判,于1963年8月签订了《部分禁止核试验条约》,并于当年10月生效。七年后,在1970年3月,《不扩散核武器条约》生效。2010年4月8日,美国总统奥巴马和俄罗斯总统梅德韦杰夫在布拉格共同签署了《新战略武器削减条约》,12月22日美国参议院批准该条约,并于2011年2月5日正式生效。从那时起,双方还就多余的武器级钚的处理达成了一致意见。

最近几年,**脏弹**的威胁引发了人们新的担忧,特别是掌握在恐怖分子手中的脏弹。脏弹把放射性物质和传统的炸药结合在一起。虽然脏弹爆炸本身

---

① 小田利広・樋口:《1954—1963放射性沉降物、政治危机和全球环境危机的形成》,第31页。

② 同上书,第1、2章。

不会当场造成多人死亡，但是它可能会造成大面积的污染，对疾病造成长期影响并增加净化污染的费用。而且，它在短时间内会给人们带去巨大的恐惧，甚至恐慌。脏弹还可能被用来进行国际敲诈。[1]

综上所述，可以说，20 世纪的后半叶是以大爆炸开始的，也就是说，是从原子弹轰炸广岛开始的。原子弹轰炸广岛事件为人所熟知后，不仅动摇了公众的心态，而且它在历史上第一次凸显和宣告了人类早已获得了自己把自己推向死亡的能力。

原子弹的使用和发明是一个改变世界的事件，而这一事件给我们的主要的教训是：

- 它标志着人类历史进入了一个新的阶段，这个新阶段的标志就是出现了新的和现实的危险。也就是说，随着核武器的发明和制造，人类在历史上**第一次掌握了人类种族自我毁灭的能力**。

- 除了集体死亡和毁灭的威胁外，即使核大国没有发生冲突，也还有核试验的核泄漏所带来的潜在的威胁。这种威胁看不到、闻不到、听不到，也无法感觉到。

- 核武器可能影响到的个体具体可数，还有一些形式的核辐射影响到的人也不多，例如造成像福龙丸号渔船灾难那样的辐射。但是，核辐射尽管很小，却会在全球范围内扩散，使人人面临危险。从全球人口这个层面上来说，这种危险在一定程度上可能影响人口的比率。

- 面对核武器的危险，国界根本没有保护作用，没有一处安全的去处，整个人类都会受到核辐射的影响。

- 由于有毒的核泄漏有很长的半衰期，因此不仅现在活着的，甚至那些还没出生的以及未来的几代人都可能受到辐射的伤害。

- 这种新的认识不仅导致了新的军事组织的成立、新的战略原则的构建，而且还逐渐形成了国际性条约来降低核战争、核扩散和核辐射的危险。1963 年的《部分禁止核试验条约》成了全球性的调控所谓严重环境威胁的典型案例之一。

- 普通公众对新威胁认识的不断深入，不仅在很多国家促进了草根运动的发生，并获得了大众或多或少的支持，而且还改变了人们**对世界的看法**。的确，地球收缩成了一个整体，一个脆弱的处于危险境地的整体。

---

[1]　详见例子 http://en.wikipedia.org/wiki/Dirty - bomb。

第二节　化学品的使用与遭到破坏的生态系统

蕾切尔·卡森，《寂静的春天》（1962 年）的作者。图片来自《匹兹堡邮报》，考比斯图片公司和斯堪匹克斯图片社

原子弹和核武器是人类在物理学领域取得的重大的突破性结果，其中的一些突破还获得了诺贝尔奖。与此同时，人类在化学领域也取得了重大的发展，并且在"二战"期间也开展了实际的应用试验。像核武器一样，它们后来也逐渐对"生态革命"，即人类观察地球及其困境的方式产生了重大的影响。

最好的一个例子就是广为人知的合成农药：滴滴涕（DDT）。这种化合物是在1874年首次用其构成元素制造而成的，但它作为杀虫剂的效果直到1939年才被发现。然而，在"二战"后半期，滴滴涕却被成功地应用于降低和控制军方和平民中的疟疾和伤寒。实际上，由于滴滴涕的使用，欧洲许多地方的伤寒几近根除。同时，在南太平洋地区，向空气中喷洒滴滴涕用以灭蚊的效果也非常不错。因此，滴滴涕被视为"昆虫炸弹"而广受欢迎，就像投放在广岛和长崎的原子弹一样。1948年，瑞士化学家保罗·赫尔曼·缪勒由于"发现滴滴涕作为接触性毒剂在消灭多种节肢动物方面的高效性"而获得了诺贝尔生理学或医学奖。"二战"后，滴滴涕作为农业杀虫剂被配置给农民。[①] 1955年，世界卫生组织设立了一个主要依赖滴滴涕来根除疟疾的全球项目。起初，它非常成功，但是随着耐药性的发展，早期的成功被颠覆了。

然而，一些科学家在很早的时候就对使用滴滴涕的潜在危害表达了不安。[②] 几年后，广泛使用杀虫剂的潜在的和间接的危害得到了确认。1957年，这些危害引起了美国生物学家和自然作家蕾切尔·卡森的注意。1962年，她完成了日后成为畅销书的《寂静的春天》。[③] 该书首先在《纽约客》杂志上连载，而后在同年的10月被美国每月一书俱乐部选中。卡森认为，使用滴滴涕和其他杀虫剂具有非有益却有害的副作用。首先，滴滴涕和其他杀虫剂的作用是一样的，其被过度地使用不仅会给害虫带来严重影响，而且也会对人类有益的昆虫产生影响，比如蜜蜂。其次，有毒的合成物质在自然中不容易被分解，而是会聚集在食物链中。而且，滴滴涕也不受国界限制地广为扩散。因此，滴滴涕会严重地影响那些以昆虫为食的物种。实际上，把

---

① 参见 http：//nobelprizes. org/noble－prizes/medicine/laureates/1948/和 http：//en. wikipedia. org/wiki/DDT 和 http：//en. wikipedia. org/wiki/DDT。

② 同上。了解概况，也可参见 http：//www. mnwelldir. org/docs/history/biographies/carson. htm 和 http：//en. wikipedia. org/wiki/Rachel－Carson 和 http：//en. wikipedia. org/Silent－Spring。

③ 蕾切尔·卡森：《寂静的春天》，霍顿米·夫林出版公司1962年版。

"杀虫剂"称为"杀生剂"可能更恰当。一个恰当的例子就是鸟类，因为滴滴涕可能使蛋壳变薄，造成大量鸟类的死亡。卡森著作的题目是对未来春天的一种预见和简单的比喻，人们在春天再也听不到鸟儿的歌唱和呢喃，四处变得寂静无声，因为鸟类无法孵化幼鸟了。合成农药的副作用远远不止出现在鸟类身上，也会给人类带来痛苦，比如，它可能引发癌症和其他疾病。卡森还预见到了害虫产生抗药性后出现的长期的危害性后果，即生态系统更加暴露，并可能遭受到无法预料的物种的入侵。

《寂静的春天》很快就成功地引起了读者以及政治上的响应，但是卡森本人却受到了化学工业界的恶意诋毁和攻击，因为该书导致了赚钱的化工产品销量下降，使他们蒙受损失。

通过强调不同物种可能会由于人类的干预而受到威胁，并直接或者间接地导致共同灭亡，蕾切尔·卡森的著作不但引起了人们对生物多样性（在一个生态系统中的各种物种或者在自然栖息地中的各种生命形式）的辩论，而且为这种辩论提供了背景。物种栖息地的毁灭性威胁包括污染、过度杀戮、过度采伐、过度放牧、外来物种入侵等。其中，一个重要的例子就是滥砍滥伐，移平森林或者树林，把土地变成非林业用地。① 热带雨林遭到破坏就是一个恰当的例子。②

在联合国环境计划署的领导下，始于 1988 年的国际合作工程在 1992 年 5 月 22 日内罗毕会议通过《生物多样性公约协议文本》时达到顶峰。该会议也使人们认识到这样一个事实，即世界并非条块分割状的受保护的栖息地，而是各部分相互联系的复杂的全球系统。③ 所以，在许多不同的层次上，《寂静的春天》成为**"生态革命"**中重要的组成部分。它给我们提供了一些重要的教训：

- 不仅是美国的公众，全世界的公众都对新的环境危机有了警惕。
- 《寂静的春天》一书所释放出的信息，凸显出了一种不同于冷战时期军备竞赛的危险（地球、地球上的居民及其栖息地都有可能在核战争冲突中

---

① 了解概况，参见"全球森林砍伐"，http：//www. globalchange. umich. edu/Globalchange2/current/lectures/deforest/deforest/html。

② 现已取得一些进展："在坎昆协议中热带森林成为最大的赢家，国家间一致同意实施一系列被称为 REDD + 的政策（减少毁林的废气排放量和森林退化及相关的保护森林的活动）来保护这些生态系统。"参见《科学家联盟》，http：//www. ucsusa. org/global - warming/solutions/forest - solutions/tropical - forest - cancun. html。

③ 了解更多信息，参见 http：//www. cbd. int/history/。

毁灭），卡森给我们的警示是产生危险的也有可能是*很多微小的决定及其后果的缓慢累积*。也就是说，地球不仅会遭受重大决定或重大计算错误而引起的核战争的威胁，也会受到长期积累起来的为数众多的细小决定的威胁。"千里之堤毁于蚁穴。"

- 起初看起来完全有益且绝对安全的化学品却被证明具有严重的有害后果。这个教训可以被归结为：人类的天资和对自然的干涉可能会带来*长期的不可预见的负面影响*。

- 由于这种长期的"*事后效应*"，采用新化学品或者新技术的影响在它们*被发现和识别之前有可能是具有破坏性的*。另外一个例子就是喷雾剂或者罐装气体，它们的使用对臭氧层具有破坏性的负面影响，这种影响直到1974年才被发现，而后逐步采用了严格的管制措施。[①] 地球上空平流层的臭氧层被逐渐耗尽，后来发现是由广泛使用于喷雾罐和冰箱冷冻剂中的氟利昂和卤代烷等气体导致的。包括发胶或者剃须膏在内，这些看似无害物质也可能引发严重的累积性的以及长期的破坏性后果。

- 蕾切尔·卡森是最早让公众知道大自然不仅仅只是人类可操纵和利用的对象的科学家之一。蕾切尔·卡森认为，人类应以一种不同的方式来看待自然，把它看作是一套*复杂的互动系统*，这是人类必须具有的一种新的生态观。这一点在她的文章《*生物科学随笔*》中有很好的总结：

> 只有在20世纪，生物学思维才聚焦到生态方面，或者说生物和环境的关系方面。对生态关系的认识是——或者说应该是——当代资源储备项目的基础，因为如果不保护好物种生存所需的土地和水源，试图保护好这些物种将是无用的。所以，这种微妙交织的关系告诫我们，生态系统是牵一发而动全身的——也许这种变化是细微的，也许是巨大到导致毁灭性后果的。[②]

因此，对于杀虫剂或者其他化学品来说，关键的一点是，仅仅考虑到它们的瞬时效应是完全不够的，还应该评估它们对整个生态系统的长期影响。

---

① 参见拉尔夫·J. 西塞罗《人造氯氟烃对平流层臭氧的破坏》，艾伦·I. 哈蒙德和托马斯·H. 莫夫·II《平流层污染：对地球臭氧层的多重危害》，1974年10月25日《科学期刊》第186卷，第335—338页。

② 蕾切尔·卡森：《生物科学论文》，《好读》杂志（Good Reading）1958年。

人类在这一点上迈出重要的里程式的一步就是 1992 年开始的生物多样性大会。

- 原子弹和滴滴涕不可预见的后果预示了一种新的科学观。不是科学方面的进步带来了线性的发展，而是一种更加浮士德式的观念悄悄产生了：人类深刻的洞察力和深厚的知识可能会用在自相矛盾的方面，即既可能用在好的方面，也可能用在坏的方面。那种对科学过于乐观的看法引起了人们的质疑，不仅是因为它证明了知识可能会被有意地用于毁灭性的目的，而且还因为它证明了，即使是出于善意的目的，人类也很难预测各种各样间接的负面影响。所有这一切都为环保运动搭建了舞台。

- 由于它对公众观念的强烈影响，《寂静的春天》一书激发了**民间的环保运动**。很多人认为，一切还如往常一样的说法再也站不住脚了。"必须采取措施了！"这种对激进主义的推动力开始蔓延到美国内外。

- 《寂静的春天》还引发了新的政治措施，具体来说就是，美国国会对农药进行了审查，总统科学顾问委员会也出具了一份报告。几年后，这件事促成了美国逐步淘汰使用滴滴涕。《寂静的春天》凸显出了人们对新的法律约束的需要。

- 《寂静的春天》留下的另一部分遗产就是新机构的成立。美国建立了环境保护局，反过来，它又促成了 1972 年出台的《联邦农业杀虫剂、杀真菌剂和杀鼠剂法》以及逐步淘汰滴滴涕的政策。

- 《寂静的春天》为**预防性原则**播下了种子，即无拘无束地使用杀虫剂的**反对者们**的举证发生了逆转，他们认为杀虫剂会给杀虫剂支持者以及认为引入这些化学品不会带来危害的化学品生产者带来危害性后果。预防性原则使得**"宁可过于谨慎，也不可掉以轻心"**成为必要，即做那些安全的事情，而不是存在风险的事情。就算没有科学共识，那些可能给环境或者公众带来危害的行动或者政策也应该被推迟或者终止，而那些主张采取行动的人应该证明其举动是无害的。也就是说，这个原则使得开展有潜在危害的行动变得难上加难，而阻止这些行动则变得更加容易了。

- 教训作为一种收获并不是一劳永逸的。有时候这些教训会被遗忘，而有时候它们又会被新的类似的经历再次唤起。比如，美国 1961—1971 年的十年间在越南战争中采用橙剂——一种除草和落叶剂——的时候，人们再次面临滴滴涕的教训。美国使用橙剂的目的是想让北越支持的游击队无法利用森林作为掩护。根据越南政府的估计，大约有 480 万人接触到了橙剂，导致了 40 万人死亡或者伤残，另外导致了大约 50 万名儿童的先天缺陷。[①] 近年来，"海洋垃圾"，如石油、塑料、化肥、污水和有毒化学物品对海洋的污染，已经引起了人们越来越多的关注。[②] 另外一个例子就是尼日尔三角洲的原油泄漏所导致的破坏性影响。[③] 2011 年 8 月，由《寂静的春天》引发的对环境问题的关切而成立的环境保护局，禁止了一种用于草坪和高尔夫球场的除草剂——环丙嘧啶酸，因为该局收到了一份报告说这种除草剂导致了美国大约上千棵树木的死亡。[④] 在诸如此类的例子中，很多微小的决定（比如在海里丢一个塑料瓶子或者塑料袋，或者给草坪喷洒除草剂）的累积性效应被证明了会产生长期的破坏性后果。这些事情一而再再而三地有力地证明了当初蕾切尔·卡森在《寂静的春天》一书中所提出的预测信息是正确的。

第三节 没有预料到的核电灾难

广岛大爆炸是战争史上最大的一次大爆炸。它不仅毁灭了整座城市，还打碎了人类对于自身在多大程度上能够造成自我伤害的界限。它不可逆转地证明了人类可以大规模地自我毁灭并把城市夷为平地。科学家，就像实习的魔术师一样，拥有令人恐惧的知识，这些知识能够造成大规模的死亡和人类栖息地的破坏，但是他们却不知道如何阻止这些知识的使用。核能拥有让人恐惧的潜能，它现在掌握在人类的手中，让所有人都见识了由它造成的可怕后果。

---

① 参见文章"橙剂"里面的例子，htpp：//en. wikipedia. org/wiki/Agent - orange。另一个例子是"海湾战争综合征"。在 1991 年的海湾战争中，有 25 万—70 万的美国老兵受到影响。这些老兵患有多种慢性疾病，比如疲劳、肌肉萎缩、头痛、头晕及记忆问题，等等。暴露于有毒化学物质中被认为是患病的原因。了解概况，参见文章 http：//en. wikipedia. org/wiki/Gulf - War - syndrome。

② 参见例子，http：//wwf. panda. org/about - our - earth/blue - planet/problems/pollution/。《1972 年伦敦倾废公约》（1996 年修订）禁止倾倒有毒物体。关于塑料污染，参见 http：//eco - thinker. com/the - garge - patch - massive - collection - of - plastic - pollution - in - the - pacific - ocean/。由于塑料污染，YouTube 视频网站中将"北太平洋热带环流"描述成"垃圾堆"。"七百万吨的漂浮塑料垃圾散落在水面，有两个得克萨斯州大，这些塑料垃圾是整个北太平洋热带环流浮游生物的六倍之大。"

③ 参见联合国环境规划署 2011 年 8 月份报告，http：//www. unep. org/newscentre/default. aspx? DocumentID = 2649&AticleID = 8827，该报告说："如果让受污染的饮用水、土地、河流和重要的生态系统比如红杉林恢复到完整和多产的良好状态，那奥格尼的环境恢复将是世界上规模最大、耗时最长的石油污染清理运动。"

④ 参见 http：//www. nytimes. com/2011/08/12/science/earth/12herbicide. html? scp = 3&sq = New%20herbicide&st = cse。

　　传单上的地震和海啸之后福岛核电站卫星图像。这张摄于 2011 年 3 月 14 日的卫星图像显示的是地震和海啸引发爆炸之后福岛核电站 3 号核反应堆正在燃烧的情形。该图片来自路透社美国数字全球卫星图片公司

原子弹通过引发瞬间的物理链式的反应而发挥作用。但是物理学家还会问：核反应能否被人类所驾驭并为人类造福谋利呢？在这些不切实际的想法中，有一个想法就是所谓的"犁工程"，即利用核爆炸来挖掘一条足可航行超级油轮的新巴拿马运河。①

但科学家还提出了另外一个经过深思熟虑的问题：可不可以发明一种控制核能的技术，并且逐步地充分发掘其能够为民而用的能力而不是其爆炸性的威力？

用科学的理念回答就是在一个引擎——被称为反应堆——中控制核能的释放，然后通过由蒸汽驱动的涡轮机把这些能量转换成电能。第一个反应堆于1941年在美国建立，而第一个核电站则于1954年始建于苏联。从那时开始，很多国家不仅建立了核反应堆，实际上，很多国家越来越依赖于核能，并将大部分的核能用于民用发电。在法国，整整3/4的电能来源于核电站；在斯洛伐克和乌克兰大约有一半；在瑞典、芬兰和其他一些国家大约有1/3。

在过去的几十年里，人们逐渐认为原子能是环境友好型的能源——既绿色又环保，因而，核能可能是一个解决人类持续增长的对能源的需求的长久方案。② 然而，核电站数量的增加也多次被中止。其原因在于这种被认为是安全稳定的能源受到了由于核辐射污染而引起的显而易见且具有破坏性事故的冲击。这些事故，像广岛大爆炸的原子弹一样，给人类留下了无法磨灭的印记。逐步建立的用来开发利用核能的反应堆可能会在一次事故中产生致命的后果，释放出大量有毒物质和有害气体，它们对人类具有长期和短期致命的危害。以前一直被认为处于安全掌控之中的工程在很多情况下被证明实际上有可能是危险的，并且并没有被完全掌控。

从1941年建造第一座核反应堆起到2007年，共有"63起核事故发生在核电站，其中的大多数事故（45个）出现在美国"③。这些事故是由不同的原因引起的，从设备故障和产生的热量到包括地震在内的外部原因，以及人为操作失误等内部原因。

---

① 参见2010年4月10日《连线科学》上亚丽克西斯·马里加尔所发表的《核弹的七个疯狂民事用途》，http：//www. wired. com/wiredscience/2009/04/yourfriendatom/。

② 在2002年（南非）约翰内斯堡的联合国环境大会上，经济合作与发展组织和欧盟委员会都积极推动核能作为一项解决气候变化问题的方案，而在2005年的蒙特利尔环境峰会上，国际原子能组织也提出相同议案。参见2011年3月22日 *Klassekampen* 上罗伯特·伯内罗所发表的《京都与福岛》。

③ 参见 http：//simple. wikipedia. org/wiki/Nuclear – accident。

　　然而，某些事故比其他事故更明显也更具有破坏性。第一个事故于1979年3月出现在宾夕法尼亚州的哈里斯堡附近的三里岛核电站。[①] 多种原因导致了这次事故的发生：设备的小故障，人为的失误，相关培训的缺乏以及错误的权威指导从不同层面加重了事故的严重性。这使得公众获得了相互矛盾的建议，进而导致了恐慌的行为。然而，尽管其中一个反应堆核心融化，却没有酿成重大的健康灾难。

　　三里岛事故发生七年后，核电站历史上出现了一次更为严重的事故，此事故于1986年4月26日发生在乌克兰的切尔诺贝利核电站。这次核事故不仅立即对核电站的环境造成了影响，而且核辐射尘埃弥漫在低纬度地区，包括苏联的西部、东欧、斯堪的纳维亚半岛和英国——甚至扩散到了美国东部。这是一次"不可能发生的事故"——实际上，在三里岛事故之后专家们还坚称核反应堆是安全的，它比其他类型的发电站危害要小，而且对环境的危害也更少。发生在切尔诺贝利的事故使人们开始怀疑专家的公信力。[②]

　　正如前面提到的，核武器试验中释放出的尘埃和来自遥远区域的其他辐射污染物尘埃是无法看到、无法检测到、无法感觉到的。辐射需要专家们用特殊的设备来检测。所以不同于自然灾难，比如飓风、石油泄漏、地震或者洪水，对于辐射，公众只能仰赖于专家获取可靠的信息。而且，公众中很少有人能掌握足够的背景知识来评估其所获信息的正确性和真实性，评估威胁的大小或者所被采用的测量单位（比如，测量辐射的贝克勒尔或者西韦特单位）。

　　因而，受切尔诺贝利事故的警醒，人们对了解事态信息的需求急剧增加。在诸多受核事故影响的国家中，随之出现的就是由众多不确定性所引发的信息危机，这些不确定性包括：到底发生了什么？谁被攻击了？为什么会发生事故？它会引发什么后果以及人们需要做什么？

　　独立于特定灾难，灾难之后出现的信息危机有自己独特的形式。它开始于对受到破坏的人们的生活及其心态的震惊、失去亲人的剧烈痛苦、事件对当局带来的过度负担、民众对于发生了什么的困惑、面临令人困惑的情况时出现的优柔寡断和无序、那些认为自己没有获得足够信息并且有关部门没有采取有力措施的人们的愤怒、公众和当局之间的争议、对政权信心的丧失，

---

① 参见罗伯特·伯内罗《三月疯狂》，《美国科学家期刊》2004年11—12月；塞缪尔·沃克：《三里岛：从历史视角看核危机》，加州大学出版社2004年版。

② 参见 informasjonskriser（Oslo：NOU 1986：19）。

以及政治家合法性的丧失。①

　　所有的这些反应在切尔诺贝利事故期间完全展现了出来，同时公众对核辐射尘埃的担心处于顶峰，对核电站以及管理核电站的权威的信任急剧下降。②

　　然而，在这次最为显著的核事故发生后的 25—30 年里，科学家和工程技术人员——以及当局——对核电站也越来越有信心，他们认为，由于技术革新和严格的规章，导致三里岛事故和切尔诺贝利事故的技术问题已经彻底被解决。核电工业的代表开始活跃起来，他们既是核电的倡导者，也是核电建设的游说者——并且他们取得了成功。越来越多的核电站修建起来了。

　　后来，在 2011 年，强烈的地震（里氏 9.0 级）以及地震后的海啸，引发了日本东北部福岛核电站毁灭性的冷却故障。由于福田核反应堆并没有建立措施去抵御如此毁灭性的事件，因此地震引发了核电站的爆炸，大火和核辐射落尘遍布空中和水中。2011 年 3 月 31 日，有报道指出铯 –137 已经遍布距离福岛核电站 25 英里的区域而且已达到危险的程度。这也提出了一个问题，由于铯 –137 的半衰期长达 30 年，我们是否应该扩大撤离区抑或遗弃那片土地。

　　日本核事故不仅在日本乃至全世界都引起了对和平使用核电的关心和恐慌。更甚于此，这件事件还波及了政治领域，促使从瑞士、法国到美国、南美这些国家和地区对核电站的安全进行全面的审核。③ 2011 年 3 月 15 日，德国成为关闭七个核电站的第一个欧洲国家。④ 3 月 27 日，安格拉·默克尔总

---

　　① 参见古德曼·赫内斯《信息危机》（未发表的手稿）。

　　② 1987 年 4 月 27 日《纽约时报》中的《（乌克兰）切尔诺贝利核事故之后的欧洲——对待核能的态度更冷静》一文报道说："切尔诺贝利核事故似乎使西欧对待核能的态度产生重大影响，反对核能之声在欧洲许多国家变得强硬。" 参见 http：//www.nytimes.com/1987/04/27/world/europe – after – chernobyl – cooler – attitudes – toward – nuclear – power.html。

　　③ 2011 年 4 月 13 日路透社报道说，多数法国人希望放弃核电，凸显日本福岛核事故对全球民意的影响。在一次民意调查中，达 57% 的受访者普遍支持放弃核能，其中 20% 强烈支持放弃核能。但调查显示，仅有 27% 的人愿意接受电费相应上调，有 72% 的人反对因放弃核能而上调电费。咨询机构康塞尔与《法国每周快报》共同受委托进行该项民意调查。康塞尔的负责人马修说："毫无疑问，福岛核事故对公众造成了巨大的心理阴影。" 福岛核事故已引发对核能的安全性的激烈讨论，以及停止扩张核项目和关闭现有核电站的呼声。参见 http：//af.reuters.com/article/energyOilNews/id AFLDE73CoZI20110413。

　　④ 参见《因欧洲安全测试计划，德国关闭 7 所核电站》，2011 年 3 月 15 日《纽约时报》。ht-tp：//www.nytimes.com/2011/03/16/business/global/16euronuke.html？scp = 1&sq = germany% 20nuclear% 20power&st = cse。

理所领导的政党遭受重创,这也是绿色政党第一次领导一个联合政府。日本的核灾难以及默克尔对核电站的处理在随后的选举以及选举结果上扮演了重要角色。① 5月30日,默克尔宣布德国到2022年将关闭所有的核反应堆。② 欧盟也紧随其后,命令欧洲所有的核电站都进行压力测试。2011年3月,中国也暂停批准所有新核电站项目。

2011年4月11日,日本决定把福岛核电站事故重新调整为7级,这个级别和切尔诺贝利核事故的级别一样。经营东京电力公司的一个官员说核泄漏"还没有停止,并且最终有可能超越切尔诺贝利"③。疏散区的范围也从20英里扩展到了30英里。后来,人们不得不承认发生了融化。

福岛核事故展示了引起事故发生的另一个重要因素,即,气候变化和天灾。它们可以被视为是地球物理进程中所固有的,比如地震或者火山的喷发,或者是技术崩溃或工程失误。它们可以被看作上帝的行为,也就是说,不受人类控制的例如自然灾害这些事件,因为没有人能够为此负责。

然而,事件本身以及它们的后果也必须看作"人类的行为",也就是说它嵌入了社会组织之中。

其中一个方面就是核电站易遭受攻击性的程度取决于人类群落如何建立降低地震影响的建筑标准、海滨地区的分区法规、为防止海啸或者洪水冲击的疏散路线等。就像尼尔·史密斯教授所说的那样:

> 环境地理学者所普遍接受的观点认为自然灾害是不存在的。自然灾害的每个时期和每个方面——起因、弱势、准备、结果和回应,以及重建——灾难的整个过程以及生死之别或多或少是一种社会计算。④

---

① 参见《因核恐惧默克尔失去了德国关键州的支持》,2011年3月27日《纽约时报》。http://www.nytimes.com/2011/03/28/world/europe/28 germany.html? scp = 3 $ sq = germany% 20nuclear%20power&st = cse。2011年3月29日的《金融时报》写道:"很难设想日本所遭受的灾难性的地震和海啸如何引发欧洲中心的一次政治剧变,核安全主题已主宰竞选的最后时期。"

② 参见 http://www.guardian.co.uk/world/2011/may/30/germany – to – shut – nuclear – reactors。

③ 参见 http://www.nytimes.com/2011/04/13/world/asia/13japan.html? hp = $ pagewanted = print。

④ 尼尔·史密斯在2006年6月11日的《社会科学研究会》上所发表的《了解卡特里娜飓风》一文中说:"没有所谓的自然灾害。"参见 http://understandingkatrina.ssrc.org/Smith/SEe also Gregory Squires and Chester Hartman (ends)。《没有所谓的自然灾害:种族、等级和卡特里娜飓风》,劳特利奇出版社2006年版。

"人类行为"的另一面不是涵括在物质构成或机构组织中，而是涵括于社会进程的运行中。那么问题就来了，人们是否能够更具体地说出在社会进程中增加危险和弱势的事情。

像这样重要的现象被给予了不同的名称，例如，"罪恶联盟""规制俘虏""共谋的文化"或者"串通的文化"。

"罪恶联盟"通常描述的是隐蔽的联盟或者一小部分表面上反对某些派别，实际上却为了某些不为人知的目的而走到一起的人。

"规制俘虏"是一个可以追溯到伍德罗·威尔逊时代的术语，在1913年，他被选为美国总统。同年，他对监管和控制商业的政府管理缺陷发出了警告。他认为，如果"政府去教唆大企业如何运营他们的企业"，那么商人为了不受到过多的限制就必须和政府拉近关系，事实上就是俘获政府。① 在不同的企业管制中，失败被冠以不同的术语，从比较中性的"游说"到具有强烈色彩的"渎职"再到出于愤怒的"腐败"。②所有这些冠名的目的都是为了让商业或者其他经济参与者获得优惠待遇。更具体地说，当为了公共利益而不是为了占有管制机构的特殊利益而建立公共机构的时候，管制失败就会发生。这种现象被不同的社会科学用不同的概念描述过，比如"军工企业

---

① 伍德罗·威尔逊的分析在许多方面是领先其时代的并值得广泛引用。他写道："我们的政府在过去几年里，已经处于一些拥有特殊利益的大联合企业的控制下。政府还没有能控制这些特殊利益并在整个商业系统内给他们分配一个适当的位置，政府已屈服于这些大联盟的控制。结果产生了恶性的商业系统和受政府偏袒的经济体制（最明显的是极高的关税），这对整个生命结构产生深远的影响，触及了大地上每个聚居者的痛处，给竞争者们设置了不公和难以忍受的障碍，在各个方面课税，扼杀了每个地方美国企业的自由竞争精神。

现在这已成定俗；我们会越来越觉得这已成定律。除了人性，谴责任何人或任何事都毫无意义。然而，如果政府没有被非一般的特殊利益群体所俘获，那么共和政府本应该能够摆脱此类人的控制，这是件不可容忍的事。"并且威尔逊还说："如果政府要教商业巨头们如何做生意，那么你不认为商业巨头们会比现在更亲近政府？难道你没看见这些商业巨头为了不受更多的限制，他们就必须俘获政府吗？必须要俘获政府？他们已经得逞。"《呼吁解放人民的慷慨之心》一文发表在《新自由》上，双日出版社大事件公司1913年版。

② 经典名著《一亿豚鼠》（先锋出版社1933年版），讲述的是由于缺乏相关知识和对消费者产生怎样不利影响的关注，如何将产品，特别是药品和食品卖到市场上去。此书讲到，不仅产品可能不是他们所声称的产品，并且还会带来严重的副作用，美国食品及药物管理局的监管者可能成为监管俘获的牺牲品。也就在最近几年，药物行业就出现了许多产品从市场上撤回的案例，比如沙利度胺（镇静剂）在1950年进入市场，在1961年就从市场上撤回了；还有最近的万络（抗炎症药物），其在1999年获得美国食品及药物管理局的批准上市，在2004年就因可能增加患心脏病和中风的风险也被撤回。万络是"从市场上撤回的应用最广泛的药物之一。在万络从市场上被撤回的前一年，默克公司就从销售万络中获得25亿的收益"。参见http://en.wikipedia.org/wiki/Rofecoxib。

联合体",特定部委、相应的法律委员和相关利益群体之间的"铁三角"。在经济学中,有关规制俘虏的重要著作是由诺贝尔奖得主乔治·斯蒂格勒完成的。①

"串通的文化"是可以用来识别公司、公务员和政治家之间有着缺陷的监督、缄默的联盟以及共谋关系的惯用手法。它包括缄默的以及明显的鼓励和同意某人采取被证实可能会伤害别人的行为。

观察这些事故,人们可能会更具体地识别出社会机制,这种机制使得企业可能俘获其规则制定者或者与其形成罪恶联盟:②

● 管理机构和政治共同体对政策或者产品的重要性业界都已有共识,例如,钻油、核能、新药物等产业。具有相同想法的共同体成员——即使其中一个可能被看作"看门狗"——都会在一起并且倾向于分享和支持共同的基本价值,比如,促进核能发展。③

● 被管制者和管制者基于共同的假设或者信条而建立起来的共同的专业基础,比如工程、药物、军事、法律、石油提取等。在一定程度上,其专业性是基于特定知识体的,这对于外人来说就更加难以理解到底发生了什么或者表达它有效果的和能被接受的评论。批判者可能会被视为能力不足,他们被贴上极端主义分子的标签或者被诬蔑为疯子,并且他们可能会面临着被他们所批判的另一方的报复——来自管制者和被管制者两边。④

● 通过政策的执行或商品的销售而出现的一系列受益人,不仅包括直接的(例如增加销量),也包括间接的(例如新合同或新工作的衍生,由于投

---

① 参见乔治·斯蒂格勒的《经济管理理论》,载贝尔·丁《经济·人·科学》,1971 年第 2 期,第 3—21 页。

② 在《文化共谋束缚多灾的核电站》一文中有个最近的新事例,http://www. nytimes. com/2011/04/27/world/asia/27colusion. html? – r = 1&scp = 1culture% 20of% 20complicity% 20tied% 20to% 20stricken&st = cse。也可参见《它可能就发生在这里》,http://www. nytimes. com/2011/03/24/opinion/24Von = Hipple. html? ref = chernobyluclearaccident1986。也可参见报告《美联社调研:美国核管理机构破坏了安全条例》,http://news. yahoo. com/s/ap/20110620/ap – on – re – us/us – aging – nukes – part1。

③ 在福岛核事故发生后,弗兰克·冯·希佩尔教授在《纽约时报》中写道:"也许从福岛事故中我们得到的启示是,最重要的事就是改变企业和政府之间的关系。政府不提名,议会不证实,核管理机构的委员是被企业认为反核的——包括对所有企业行为表达批评的人,这都已成惯例。委员会有出色的委员,所需要的是更激进的领导制度。"参见希佩尔《它可能就发生在这里》,http://www. nytimes. com/2011/03/24/opinion/24Von = Hipple. html? ref = chernobyluclearaccident1986。

④ 当蕾切尔·卡森写《寂静的春天》时,所面临的反应就是上面所描述的一个典型例子。

资或机构的拓展使得当地不断发展）。那些受益者对于减缓或者停止项目毫无兴趣。因此，受益者们很可能会弱化或者反对更加严格的安全日常检查而继续新建厂房，或者引进没有严格测试的新疫苗等。

● 具有说服力并且资金充足的游说者（例如深海钻井游说者），不会过多地引起公众和不善于组织抗议的大众的关注。游说可能包括寻求拨款、获得执照或税收优惠、放宽规则或寻求豁免。

● 政客和贸易联盟与管理者之间有着紧密的关系，或者说是规制者和被规制者之间有着紧密关系，甚至有时候是亲密的关系。①

● 在职者的职业路径不断变换，在被规制的单位和规制单位中，现在的行为可能会受到"跳槽""循环招聘"以及预期收益的影响。这也可能会导致更松散的规制执行，因为现在的规制者不大可能对潜在的未来雇主采取严厉措施。在管理机构中的官员们也有可能成为规制企业的雇员，因为他们的内部关系——他们知道管理机构的惯用手法并且可以面对面有效地游说在职者，也就是他们以前的同事或朋友。② 管制者和企业中人事的相互渗透也意

---

① 一个典型的例子就是关于美国内政部的矿产管理局和石油公司之间的关系的报道："矿产管理局既管理石油产业又从中收税。"国会和许多内部调查发现其管理不当并同时有受贿行为。最近的丑闻使其很快被揭露，包括 2008 年揭露的官员受贿并涉嫌吸毒和石油公司领导的性丑闻。科学家说，最近几年，为抹掉那些会阻碍石油公司在阿拉斯加近海水域的钻井活动的环境问题，高层官员会美化员工的报告。一位监察长的报道中说，机构官员允许行业官员用铅笔写检查报告，然后在上交之前用圆珠笔描写。报道还说，监察者在监管企业时，至少接受一家石油公司的请吃、送体育赛事门票和送礼物。

2010 年 5 月，内政部部长肯·萨拉查宣布将通过把安全监管从对石油和天然气公司的征税部门中分离出来以重组联邦机构，以提高监管能力。这项提议将结束企业和政府之间长达数十年的互利共赢的关系。1982 年设立的矿务局，平均每年为美国盈利 130 亿美元。自从 2004 年墨西哥湾深水地平线钻井平台爆炸，奥巴马政府正因联邦政府石油管理不当而面临巨大压力。钻探设备的爆炸和英国石油公司的石油泄漏造成 11 人死亡和每天上万桶石油流入墨西哥湾。

对报道的反应便是联邦政府允许广泛的沿海钻探，不需要首先得到环保局的批准，2010 年 5 月，白宫和内政部说矿务局将会对此做出相应的解释。据文件和现往任政府官员所言，了解到矿务局缩短了成百上千个石油钻探的审批过程。4 月份英国石油公司的钻井平台在海湾发生爆炸，先前该公司领导让机构官员确信此钻探有百利而无一害，并在评估过程中得到了豁免。机构官员继续和公司合作并允许其继续钻探。http：//topics. nytimes. com/top/reference/timestopics/organizations/m/minerals – management – service/index. html？scp = 2&sq = Gulf% 20oilspill% 20regulation% 20failure&st = cse。

② "旋转门转动的方式多样：政府到企业，政府到游说，企业到政府。所有的都产生一个亲商业偏见，为了美国公司的特殊需要，无论国会委员还是五角大楼武器研发团队都需要了解所有事物是怎样工作的，并保持同事间的友好关系。"参见 http：//www. dailykos. com/story/2011/06/03/981683/ – Revolving – door – ensures – that – some – people – have – a – job。

味着在对企业进行监督和对企业进行支持这两种职能之间的界限变得模糊了。在管制部门,在接收一份工作之前首先要经历职业隔离,这种法定职责规定也是处理该情况的一种有效措施。①

●由于管制机构中内部知识的不足,这里内部知识指的是庞大的人力、技术上的专业知识或经历,管制者会选择依靠企业来获得措施以及进行高度复杂且多样化的有效性评估。

●那些不存在的、不透明的、模棱两可的、相互矛盾的、松懈的规则。在一些灾难或危机发生时就会被揭露出来。②

●如果这些预想在今后会被质疑,相反,松懈的或模棱两可的规定可能会导致管制者对于政治上的过度管理和违法指令的担心③,或者是对成本过高的制度的担心。④

●软弱无力的监管,松散的检查,未经实施的规定,没有综合性的复查或危机分析,都是为了避免高成本的修复或提升——或是引发恐慌,而提出

---

① 仅举一个例子,在爱尔兰公共医疗卫生服务局,高级管理层需要职业隔离。参见 http://www. tribune. ie/article/2008/oct/12/calls – for – career – quarantine – for – top – ranking – hse – st/。

② 在墨西哥湾漏油事件爆发之后,《纽约时报》在调查报告中写道:"在墨西哥湾调查 2010 年墨西哥湾石油泄漏事故的总统调查组周二建议,若双方降低姿态,国会批准大量的新预算,同时清除妨碍近海石油开采的新规定。最后的报告说,委员会发现深水地平线爆炸事故和随后的石油泄漏是由一系列公司和管理的失误所造成,它们本来可以避免。这警告人们,除非企业行为和政府管理改善,否则类似事故无法避免。"参见 http://www. nytimes. com/2011/01/12/science/earth/12spill. html? scp = 2&sq = Gulf% 20oil% 20spill% 20regulation% 20failure&st = cse。

③ 在美国,核管理委员会有时也会跟随核设施引领、拒绝或反对昂贵的核安全改善措施。"核管理委员会的拥护者们常提出管委会必须谨慎,因为出于安全要求所增加的费用可能会导致核电行业的破产。"有人会说,万一会对环境造成严重的或者是不可逆转的破坏,一般原则是"能求安稳,不愿涉险"。在 2011 年 3 月,《纽约时报》报告了在 2011 年墨西哥湾爆炸事故后政府所实施的组织变革:"英国石油公司马贡多油井发生爆炸,造成 11 人死亡,向墨西哥湾喷出上百万桶的原油。一年后,广受非议的监管近海石油钻井的联邦机构被迫重组,拥有了严格的新主管、冗长的新名字和一大串的更严格的安全条例。机构也试图把自己和其管辖的企业拉开距离。但这能确定么? 答案当然是不能。甚至那些之前管理矿产管理局的人也承认,制定出一项既能允许近海石油开采又能减少对工人和环境危害的强有力的管理体系,是需要数年的时间的。"监管该机构的内政部部长肯·萨拉查说:"我们现在比一年以前要安全得多了,但是我们知道仍有许多事情等着我们去做。""近海钻探管理还是一项尚待完善的工作。"http://www. nytimes. cim/2011/04/1/us/politics/17regulate. html? ref = mineralsmanagementservice。

④ 在《日本保留核数据,让疏散者处于危险境地》一文中,你能读出"官员们不想承担昂贵的疏散成本,即使他们的评估之后受到质疑"。http://www. nytimes. com/2011/08/09/world/asia/09japan. html? scp = 1&sq = Anger% 20Japan&st = cse。

的豁免或者延期。①

●淡化风险、掩盖安全问题和错误等行为是为了避免公众的担心、更加严格的规则以及不情愿的开支。② 这或许与阻止独立媒体获取信息或者为他们设立壁垒相伴而行，例如：通过阻止记者得到资源，通过提供筛选过的、不充分的——或是压倒性的——数据。无论是哪种情况，都会导致报道的一边性或是彻底的漏报。③

●责任领域的不清晰。④ 例如，在福岛事故之后，在推卸责任和逃避批

---

① 美联社最近一项研究得出："美联社的一项调查结果发现，为了使老化的设备符合安全标准，联邦机构管理者和核能产业一直通过连续降低标准或不更新设备的方式密切合作。根据记录和采访，美国核管理委员会的官员不断地说原来的管理条例太严格了，安全系数应该在没有危险的前提下适度放宽。

结果呢？ 结果是恐惧感增加，委员会提供的居住设施严重妨碍安全，慢慢靠近核反应堆离事故更近，会伤害公众和美国核能的未来。这样的例子不胜枚举。当阀门漏气，就会导致更多的泄漏——超过原来限度的 20 倍。当猛烈的爆裂引起来自蒸汽发电机传热管的辐射泄漏，设计一个简单的传热管测试就能使发电厂达到标准。老化的电缆、破裂的密封圈、坏掉的喷嘴、阻塞的滤网、开裂的混凝土、凹损的容器、腐蚀的金属和生锈的地下管道——这些和其他上千种跟老化相关的问题是美联社长达一年的调查所揭露的。所有这些都会增加事故的危险性。

除了许多因老化而引起的问题外，在最近几年里，不管是政府还是企业，没有一个机构调查过对这样的安全故障的全部或潜在的影响。同时，委员会已经延长了几十个核反应堆营业执照。记录显示了重复出现的情况：反应堆的部件或系统和安全条例不相吻合。政府和企业进行研究后，一致认为遵守标准是没有必要的。管理条例放宽，核反应堆就符合标准了。"参见《美联社研究：美国核监管机构弱化安全条例》，http：//news. yahoo. com/s/ap20110620/ ap－on－re－us/us－aging－nukes－part1。

相似的争议也发生在美国金融危机调查委员会身上。该委员会在 2011 年 2 月发表了金融危机调查报告。委员会也因没有提供一份综合调查和风险分析而受到批评："期待已久的金融危机调查委员会的报告，最后在星期四得以发布，本被期望能达到和'9·11'委员会的报告一样的经济效果，但是此报告并没有清晰地解释 2008 年经济危机爆发时都发生了什么，危机为什么会发生，以及谁应该受到谴责。该报告模棱两可、令人迷惑，有的部分重复，有的部分混杂，就像金融危机的核心抵押债务一样令人费解。"参见《华盛顿的金融灾难》，http：//www. nytimes. com/2011/01/30/opinion/30partnoy. html? sq = Executives Behind Financial Crisis Face Little Risk Of Being Caught &st = Search &scp ＝1&Pagewanted = print。

② 例子之一便是挪威的养鱼场，这是挪威经济犯罪的特殊领域 Qkokrim，报道说员工不得泄露走私鲑鱼的消息，这是强制性的报道，还有其他不合法的行为。参见 2011 年 6 月 23 日《达根斯新闻》。

③ 据报道，在福岛核事故之后，日本的政府首脑"起初不了解这一系统，之后还隐瞒降低数据，明显害怕将要不得不有效地扩大疏散地带及承认事故的严重性"。《日本保留核数据，让疏散者处于危险境地》，http：//www. nytimes. com/2011/08/09/worldasia/09japan. html? scp ＝1&sq = Anger% 20Japan&st = cse。

④ 尽管如此，小佐古敏庄先生和其他人也说这些辐射分区图在那些了解如何分类数据库系统的人手里，将会极其有用。他说辐射分区急速阅读图太复杂，辐射污染范围的预测令人惊恐，以致三个独立的政府机构——教育部和两个核管理机构（核工业安全局和原子力安全委员会）将数据像烫手的山芋一样推向彼此，没有哪个愿为结果承担责任。在采访中，教育部和核工业安全局都相互指责，说对方应该为此事负责。原子能安全委员会的负责人则拒绝接受采访。

评的文化下，东京的官僚们主张不公开辐射预报。[①] 反过来就导致了推卸责任和互相指责。

● 对不顺从和对违法的温和制裁。[②] 起诉是仁慈的，处罚是温和的。这或许是由于法律的空白、事件的复杂性或是无法雇佣一流的律师而造成的。

● 对批评的冷淡、鼓励或排斥，以及对告密者的排斥。由于在个人领域找工作的机会受到限制而导致事业的中止。

● 对独立的学术研究提供的资金不足。[③] 即使在大学，那些可能影响多个党派结果的项目会受到与此具有金钱利害关系的人的偏见。

这些都是规制俘虏和共谋文化的过程，因为规制俘虏的可能性使得规制者与被规制者更加亲密。有人认为要拉开规制者和被规制者之间的关系，需要通过设置更大的障碍达到更有效的控制——例如，通过国际的或者多国的控制来组织管理机构。[④] 国际原子能机构就是一个例子，向人们展示了如何建立像这样的组织。

人们吸取了在福岛发生的核灾难的重大教训——这些教训也是在三里岛事故和切尔诺贝利事故发生之后人们所没有重视的。他们认为这些教训可以在其他的灾难中吸取。原因如下：

● 即使是最好的技术——即使是井然有序的国家——也不是万无一失的。

● 这些事故表明，不管人类发展科技的技能如何，他们都会被自然力所征服，而"未知的未知"并没有归纳到应急预案中。福岛核电站事故中，日

---

① 参见《日本保留核数据，让疏散者处于危险境地》一文，http：//www. nytimes. com/2011/08/09/worldasia/09japan. html？scp = 1&sq = Anger%20Japan&st = cse。

② 《纽约时报》专栏作家乔·诺塞拉在新闻头条《大鱼没有多少被捕的风险》中写道执行官和金融危机息息相关："华尔街大多数有影响力的公司都有不可预测的风险，这些风险几乎使全球金融系统崩溃——甚至没有出现在公正的雷达屏幕上，也没有一个针对高层领导次级贷款的控告书。……在世界金融系统差点崩溃的两年半后，你有理由猜测是否任何一个引起灾难的高管会进监狱——像20世纪80年代的迈克尔·米尔肯和造成安然事件的杰弗里·斯基林。逐渐地你会发现答案是不会。"2011年6月23日的《达根斯新闻杂志》报道，在地球的另一边——挪威渔场，挪威经济犯罪的特殊领域Qkokrim，锐化了公司对生态犯罪负责的反应，这样鲑鱼就走私出养鱼场。随着鲑鱼走私数量的增加，报告指出"这种情况说明处罚还不够重，还没有足够的一般预防作用"。

③ 详例参见《文化共谋束缚多灾的核电站》，http：//www. nytimes. com/2011/04/27/world/asia/27colusion. html？– r = 1&scp = 1culture%20of%20complicity%20tied%20to%20stricken&st = cse。

④ 参见希佩尔《它可能就发生在这里》，http：//www. nytimes. com/2011/03/24/opinion/24Von = Hipple. html？ref = chernobyluclearaccident1986。

本在同一时间遭受三种灾难袭击：地震、海啸和核灾难。

●企业经常会降低危机程度——事实是当安全措施缺陷和准备不充分时，危机就会增加。降低危机程度和对灾难评估的扭曲甚至会在灾难未出现之前就发生。在福岛核事故发生后，有标题为"'安全神话'让日本应对核危机日趋成熟"的文章做了以下分析：

> 在过去几十年里，日本为了说服本国人民关于核电站的安全性和必要性投入了大量的资源。核电站运营商建立了豪华的吸引人的公共建筑使其成为旅游胜地。官僚们通过许多机构为核电站的安全做广告。官僚们善意地将核电站的安全写入政府指定的教科书中。

> 结果是，人们普遍接受了称之为"安全神话"观点，即日本的核电站是绝对安全的。即使西方国家都严控核电站的时候，日本却对发展核电站情有独钟。

> 这种信仰帮助我们弄清为什么唯一受到原子弹攻击的国家却一再追捧核电站，而并没有吸取三里岛事故和切尔诺贝利事故的教训。即使是在福岛核电站发生事故时，日本自己对此的反应还不如欧洲和美国对此的反应强烈。

> 当日本还在寻求福岛核电站这次事故的答案时，一些人就深刻探索国民的心态并认为对此信仰深信不疑的态度是不理智的。由于广泛宣传核电站是绝对安全的，核电站运营者和管理者都没有采取安全措施和技术跟进，例如应急机器人、专家、政府官员。

> 监管核工业的产经省官员海江田万里在星期一维也纳的国际原子能会议上说道，"在日本，我们有种东西称为'安全神话'"，"日本对核电站有着非理性的过度的自信，这是不争的事实"。

> 他说，出现的结果是，核工业"对安全的考虑基础不牢"①。

---

① 参见 http://www.nytimes.com/2011/06/25/world/asia/25myth.html? - r = 1&hp。这篇文章也包括以下信息：核设施也证实了政府所授予的学校课本对那些对怀疑核能安全性的信息的不够重视。在日本国会中，东京电力公司的副总裁卡诺领导了这项运动，其在 1998 年成了一名国会立法者。卡诺先生拒绝为这篇文章接受采访，去年其从国会退休后，就重返东京电力公司当了一名顾问。2004 年，在卡诺先生和其他反对核电力支持者的影响下，教育官员们下令在赠与前修改教科书。在一所初中的社会学教科书里，一条提及欧洲日益高涨的反核运动参考被删去了。在另一本书里，一则提及切尔诺贝利的参考文献被低调地放到了脚注。

● "像自然灾害这样的事情是不存在的。"灾害的影响不仅仅是不被束缚的自然力量的潜能问题——这种影响会受到社会结构的放大或修改（比如，沿海地区红树林的破坏或者修在断层线上的松散的建筑，这会扩大地震的破坏性）。

● 危机可能会被社会进程有系统地扩大。特别重要的是规制俘虏和共谋文化。企业和规制者的关系可能会变得过于亲近——确实，这是在发生福岛核事故后，日本和美国所坚称的事情。[①] 当灾难降临，例如在切尔诺贝利和福岛发生的，它们不仅大范围地而且长时间地影响着人们——例如，在切尔诺贝利核事故中许多人遭受致命的伤害，虽然他们幸存了下来，但最终也将死于这场事故。

● 处理并弥补灾难所带来的破坏的花费是巨大的，不仅包括去世的人们、海啸的幸存者或设施和财产损害，还包括长时间的利益。其中损失还包括信誉和合法性的政治损失。

● 最后，这些事故——福岛成为最后一个——明显对公众的世界观有着主要的和不同的影响。这些反应不仅出现在受影响的地点或者受到事故打击的国家，也出现在其他国家，实际上，它是全球性的。最近的一个例子就是在福岛事故后核政策发生的改变。

● 这些重大的教训在核事故中是无法产生预期效果的。相同的问题也同时出现在由于自然力量引起或间接引起的其他类型的灾难中。科技是不完美的，制度被扭曲，执行过程让人不满意，准备也不够充分。在社会现实中，个体和总体都不能和自然力的极端力量相抗衡。

事故低发率不等于没有可能发生。这样无法预期的灾难有 1984 年发生

① 2011 年 3 月 26 日《金融时报》的头条新闻"安全风险被淡化了"中写道："当两星期前东京电力公司故障使核电站陷入危机中时，公司的总裁清水正孝干脆把一切归咎于大自然。他说破坏公司安全系统的 14 米高的海啸比我们预期的要大。"但现在东京电力公司的期望是在被揭露的真相中进行仔细审查。就在两年前，日本的一名高级地震专家就反复强调过在福岛核电站地区有发生大规模海啸的可能，现在福岛核电站正向周围环境喷发着辐射。在东京电力公司官员参加的由核工业安全局主办的安全审查会议上，地震专家冈村行信提醒调研应该对加固核电站设计的假设提出质疑。

也可参见 2011 年 3 月 17 日《晚邮报》上的 "Pyntet pa feil og mangler USA：Kjernekrafteiere fortalte ikke sannheten"。当日本在 4 月 11 日决定提高其核辐射评估级别时，《纽约时报》写道："决定将警戒级别从 7 级提高到 5 级，也就承认了由 3 月 11 日的地震和海啸所引发的核事故可能对人类健康和环境产生巨大、持久的影响。数星期来核工厂的一些人一直说核事故释放了大量的核辐射，但日本官员一直淡化这种可能。" http：//www. nytimes. com/2011/04/13/world/asia/13japan. html？hp = &pagewanted = print。

在印度帕博尔的联合碳化物公司的农药厂工业事故，这次事故导致直接死亡的人数为 2259 人，而长期的伤亡人数达到 1.3 万人，另外还有 500 多万人受伤。另外一个事例是 1989 年 3 月艾克森 - 瓦尔迪兹公司的邮轮在阿拉斯加的威廉王子湾搁浅。第三个事例是 2010 年 4 月发生在墨西哥湾的 BP 石油公司的井喷事故，那时该公司深海地平线的油井钻机发生爆炸并引发了灾难。

像这样无法预见但极具破坏力的事故是贪婪、技术故障、社会的软弱和人类的错误结合的产物，这些不仅对于人类的生存和经济都具有破坏性的影响，而且这些事故还改变了公众的态度——事实上也改变了合法性和规章、政策和机构。就如狄更斯在《雾都孤儿》中写的那样："祸不单行。"在地球上，这些事故留给人类更多的担心和不安——事实上是被视为具有潜在危险性的解决办法和进步所面临的困难，这些危险导致了当前状况的不稳定性。

因此，很明显，这些相似的不幸在生态观念的发展中起着重要的作用，以至于这些不幸太严峻而不能被忽视，破坏力太大而不能被遗忘。

第四节　困扰人类的贫穷、不平等以及不均衡的发展

人类历史上最伟大的成就之一便是人类寿命的延长。例如，在 16 世纪初的英国，人们的平均寿命大约只有 35 岁，有 2/3 的儿童年仅 4 岁就离开人世。[①] 生存曲线也呈现出以下典型的三角模型图：首先，出生后的头几年，婴儿死亡人数增多，导致平均寿命急剧缩短；然后，每年以大致相同的死亡百分比下滑。但有时会由于瘟疫、饥饿以及战争等原因导致死亡百分比上升。仅有 1/4 的人口能活到 60 岁（图 3 - 1 中的下降曲线）。

此后，婴儿死亡率急剧下降，越来越多的人活得更久，直到一个世纪以前，此现象被称为"人口老龄化"（活到 50 岁或 60 岁的人群占总人口的比重上升）。如今，在许多工业化国家，人口上升的现象出现了逆转，大多数年龄都在 35 岁以上。并且，一些工业国正向老人多于小孩的人口状况发展。

---

① W·J. 罗拉伯尔夫、唐纳德·T. 科瑞奇洛、保拉·C. 贝克：《美国的承诺：美利坚合众国简史》，罗恩和利特菲尔德出版公司 2004 年版，第 47 页。

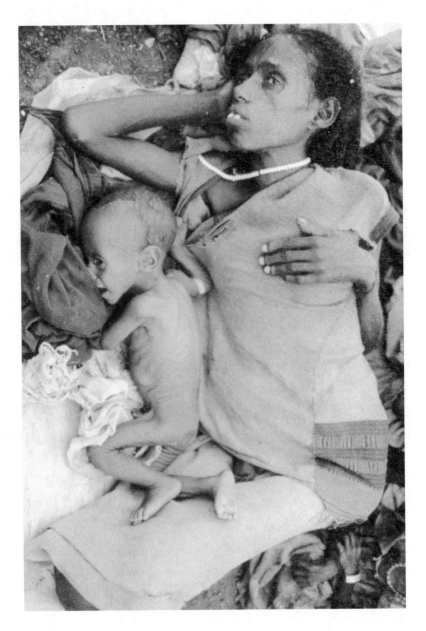

　　1984 年埃塞俄比亚旱灾灾民中正在当地救济中心接受救济的母子。该图片来自贝特
曼图库、考比斯图片公司、斯堪匹克斯图片社

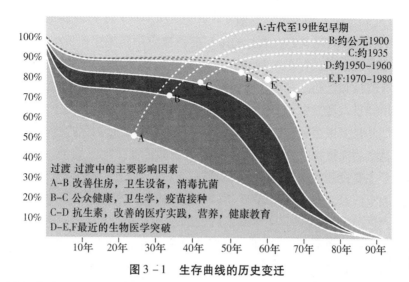

图 3 - 1　生存曲线的历史变迁

（本图表改编自 B. L. 斯特雷勒《老龄化对社会的影响研究》，载《美国实验生物学协会联盟论文集》1975 年第 34 期，第 6 页）

例如，到2034年，美国 65 岁及 65 岁以上的人口将超过 15 岁以下的儿童。[1] 尤其在 18 世纪，即将步入工业化的国家出现这种剧变，主要是由于改良的卫生条件、营养和住房条件。随着家庭规模的缩小，居住变得不再那么拥挤，此现象被称为"人口转型"。父母发现把子女抚养成人已不再是难事，因此他们不再依靠抚养许多孩子来保障自己晚年的生活，所以孩子也就越来越少。显然，许多新的避孕措施也起了作用。

到第二次世界大战时，公众健康问题得到了改善，环境变得更加干净清洁，天花、肺结核等传染性疾病也得到了控制。这些都得益于实施的大量免疫计划。20 世纪中期的几十年间，人们的工作时间减少，如厕、洗漱和沐浴越来越成为人们生活的一部分。同时，营养和医疗服务也得到了改进。机器减少了人类的体力劳动，比如：推土机、起重机和挖掘机，以及家里的自来水和洗衣机。这就导致了从 1950 年至 2000 年，全球婴儿死亡率减少了约 1/3——从

① 参见《旧美国的新现实》（斯坦福长寿研究中心，2010），http：//Longevity. stanford. edu/files/New% 20Realities% 200f% 20an% 20Older% 20America. pdf。报告显示，在接下来的 30 年里，65 岁及以上的老年人将会是现在的 2 倍，从 4000 万增长到 8000 万，老年人口比例将会从 13% 增长到 20%。

152‰到57‰。到2050年止，该数字预计再减少一半，变为23‰。[1]

自20世纪70年代起，大量的医疗突破被应用到医疗项目中。例如：用三联疫苗对抗白喉、百日咳和破伤风。另外，越来越多的医生掌握了新科学，以新器械和新药品来为普通人群做常规体检。不断扩充的医疗知识也逐渐被应用到日常习惯中，如：少食用高脂肪高热量食物，生活不要有太大压力，戒烟并且多做运动。健康教育成为一门必修课，公共医疗体系因产出更多的有益产品而得到支持，例如营养金字塔和低脂牛奶。结果，由冠心病、心脏病等主要慢性疾病导致的死亡人数减少了。人口寿命持续延长，不仅发生在发展中国家，即便是在2000年以后的工业化国家中亦是如此。

在先进的发达国家，这导致了所谓的"生存曲线矩形图"[2] （参见图3－1中的曲线上半部分）。这就意味着大多数人能活到七八十岁，之后这些人就会很快地相继死去。也有不同的说法：在这个年龄，如果老人不受一种疾病困扰，如心脏病，那就可能受其他疾病折磨，如癌症。"延年益寿"是一个大事，但并不是全部。尽管从全球来看，婴儿死亡率降低了，人类寿命延长了，但地区之间仍有很大差异。大约8亿人营养不良，每天有24000人死于饥饿，其中2/3为不足5岁的儿童。尽管富裕国家人们的平均寿命为70岁甚至更长，但饱受饥饿之苦的人们平均寿命只有38岁。[3]

"二战"后，随着工业化国家生活水平的提高，第三世界的贫穷落后问题便被提到了国际议程上来，尤其是从大约1960年快速发展的去殖民化阶段之后。

生活水平提高的劲敌便是饥荒。历史上，饥饿一直是各大洲生活条件中必有的一部分，有些地方尤为严重。比如，太平天国运动之后出现的干旱和饥荒。据说1850—1873年，太平天国运动导致了超过6000万的中国老百姓因饥饿而死。[4] 同样造成大灾难的还有1958—1961年中国出现的饥荒。据估计当时有4500万人在毛泽东的"大跃进"中饿死。[5] 在欧洲，众所周知，爱

---

① 联合国数据：http：//data. un. org/Data. aspx? d = PopDiv&f = variableID%3A77。

② 詹姆斯·F. 弗里斯：《老年化、自然死亡和疾病压迫理论》，1980 新英格兰医学期刊，1980年7月17日，303；130—135页。

③ 参见朱丽叶·K. 巴克（亚洲社会研究所）发布在 http：//www. africanconnection. biz 上的《带着社会责任感做生意》。

④ http：//www. wsu. edu/~dee/CHING/TAIPING. HTM。

⑤ 法兰克·帝克德：《毛泽东制造的大饥荒：中国历史上最严重的灾难，1958—1962》，沃克出版社 2010 年版。

尔兰大饥荒（1845—1849）仍是一个政治性事实。它直接导致了 100 万人死亡、100 万人迁徙，大多数人移民至海外，使得爱尔兰人口减少了约 1/4。据估计，斯大林的集体主义计划导致的苏联饥荒（1932—1933），夺走了约 600 万人的生命。其实，类似的饥荒例子还很多。

值得注意的是，在毁灭性最大的饥荒中，由人类行为而造成的和由自然灾害而引起的饥荒数量基本相等。例如，斯大林、毛泽东的政策，爱尔兰饥荒期间英国政府的政策等都曾造成了巨大灾难性饥荒。20 世纪 60 年代末期，尼日利亚内战引起的比拉夫饥荒，造成了 100 万人死于战争和饥饿。这也是到目前为止对饥荒的宣传力度最大的一个案例。①

从那以后，在非洲仍有许多饥荒存在。例如，1973 年的埃塞俄比亚和 1980 年乌干达的卡拉莫贾（史上最惨烈的一次人口流失——有 1/5 的人口死亡）。1998 年，苏丹的尼日利亚儿童因为饥饿而肚子浮肿的画面十分惊悚，震惊了全世界。正是那次饥荒，使公众的态度出现了很大转折。这一典型事件给公众留下了深刻印象。类似的，1984 年，对埃塞俄比亚饥荒的报道及电视的连续镜头加深了对公众的影响——英国广播公司称之为"圣经的饥荒"。爱尔兰歌手鲍勃·格尔多夫举办了"现场援助"音乐会，像他一样的积极人士也发起了全球动员的热潮，大家相信，民众紧随其后的集体愤慨挽救了几百万人的性命。②

2000 年，联合国大会制订了千禧年发展目标，首个目标便是"消除极端贫困和饥饿"，到 2015 年，日均收入低于 1 美元的人口比例减半。一直以来，人们为了达成这一目标，采取了各种措施。例如，自 1980 年以来，世界上生活极端贫困的人口以相对稳定的速度逐年减少——从 1980 年大约 40% 减少到 2000 年的大约 30%，在接下来的十年内又减少到了 20%。东南亚国家，尤其是中国，还有几个拉美国家都出现了很大的改善。

全球对于贫困和饥饿程度的认知在不断变化——通常是因为具体的事件，如比拉夫和埃塞俄比亚的饥荒。另外，人们对联合国议程将采取何种措施及何为有效措施持有不同观点。

然而，应对进一步减少贫困和提高食品安全的问题，出现了一项前所未有的潜在挑战。近几年，像食品暴乱等特殊事件及其连锁反应使得这一挑战

---

① 快速了解概况，参见 http：//news. bbc. co. uk/2/hi/africa/596712. stm。

② 参见《大饥荒》，http：//en. wikipedia. org/wiki/Famine。

变得尤为突出。由于食品的长期缺乏和价格上涨，不祥的征兆和聚集的危机很可能在接下来的几年里变得更加明显。气候变化与自然灾害对食品价格的广泛影响一直都很明显，新闻简讯从食品暴乱到政治动乱连续滚动。一些最近发生的或行将发生的自然灾害的事例列举如下，我们也要引起注意，应对将要发生的灾害。

● **全球变暖**：斯坦福大学最近一项研究表明，气温仅上升 1 摄氏度，就会造成目前非洲的玉米种植区产量损失 65%——这还得保证作物获得最佳降雨量。在干旱的情况下，整个玉米种植区会收益大损，超过 75% 的区域将会以气温每升高 1 摄氏度、产量至少减少 20% 的速度减产。该报道的合著者之一发表评论说："热量对玉米种植的显著影响令人惊讶，因为玉米是最耐热的农作物之一。"①

● **飓风与干旱**：2011 年 2 月，强飓风"雅斯"给澳大利亚造成了 8 亿澳元的农作物损失，当地香蕉和甘蔗严重受损，导致通货膨胀，威胁货物出口。② 最近几年，澳大利亚又发生了大旱和森林火灾，这也与气候有关，造成作物严重损毁。③ 2011 年，美国得克萨斯州经历了史上最为严重的一次干旱，造成非常严重的长远影响——"一次自然灾害的缓慢移动"。④ 2009 年，一场旱灾使非洲之角的作物呈现出一片狼藉的局面。2011 年，非洲之角的索马里、埃塞俄比亚、肯尼亚、吉布提和苏丹南部的部分地区遭遇了 60 年来最严重的旱情，导致 1200 万人面临饥荒，需要紧急人道主义救助。食品价格飞涨，牲畜大量死亡，基础设施脆弱加上国家冲突不断，更加重了问题的

---

① 参见《非洲未公布的农作物数据预测，如果温度上升会危及农作物》，http：// news. stanford. edu/news/2011/march/africa－corn－peril－030911. html。

② 参见 http：//www. thepeninsulaqatar. com/international/141483－crop－damage－by－australia－cyclone－put－ataus8oom. html。

③ 参见《澳大利亚的历史性旱灾：情况严重》，http：//www. independent. co. uk. news/world/ Australasia/australias－epic－drought－the－situation－is－grim－445450. html。也可参见《澳大利亚沙尘暴引起的全球性警告》，http：//www. independent. co. uk/opinion/leading－article/a－global－warming－from－the－dust－bowl－of－australia－445404. html。

④ 参见《当得克萨斯州成为沙漠，生命也会逐渐消失》，http：//www. nytimes. com/2011/ 08/14/opinion/Sunday/as－texas－dries－out－life－falters－and－fades. html？scp＝1&sq＝texas% 20drought&st＝cse。也可参见《得克萨斯州最严重旱灾的长期后果》，http：//www. Businesssider. com/texas－drought－2011－08。了解生动示意图，参见美国旱灾监控，http：//droughtmonitor. unl. edu/。

严重性。① 因此，一段段悲惨的故事、一张张婴儿夭折的图片又一次出现在全世界的电视屏幕上，对于这场旱灾的救援还面临着资金不足和长期措施缺乏的问题。②

• **土壤沙化**：2011 年 3 月，世界知名环境分析家莱斯特·R. 布朗在书中写道，中国正在遭受扩张的沙漠化威胁：旧的沙漠在扩大，新的沙漠在形成，越来越多的灌溉井水干涸，北京将无法满足持续增加的人口对水的需求。不仅沙丘在不断侵蚀着耕地，中国农业由于城市和工厂用水而日益缺乏灌溉用水。中国的食品供应越来越紧缺，食品价格越来越高。这对世界其他地区也造成影响，尤其是作为"世界粮仓"的美国。另外，飞涨的食品价格对全球都会造成影响。

• **海平面上升**：气候变暖导致海平面上升，可能对沿海地区渔业和农业都会产生影响。例如，在一个像孟加拉国一样的国家，上升的海平面会从三个独立又有联系的方面产生影响：海水入侵、洪灾泛滥和台风频繁。这会导致国内生产总值减少，食物短缺，以致危害人类健康，甚至造成饥荒。农业产量减少最终导致孟加拉国陷入极度贫困的状态，不得不向其他国家寻求帮助。③

• **各种海洋压力**使全球珍贵的海洋生物面临绝种的威胁。2011 年 6 月，有关各国海域的一项全球性项目给人敲响了警钟，综合在海面上的压力源正在形成一种在地球史上每次物种灭绝时都会出现的情形。海洋的变化主要呈酸性，温度升高，氧气含量就会减少；而海洋的复原能力在气候的影响下受了到严重破坏，主要是由于过度捕捞、栖息地被破坏和污染造成的，如农业肥料的流失和废水的排放。累积的影响要比之前人们所想的大得多，变化之快也是人们始料未及的，且变化仍有加快的趋势。消失物种灭绝的威胁在增

① 参见 http：//www. fao. org/crisis/horn－africa/horn－africa/home/en 上的例子。了解每日最新信息，参见来自世界粮食计划署的"饥饿新闻"，http：//www. wfp. org/news/hunger－in－the－news。

② 《联合国在救助由于旱灾引发大饥荒的 1240 万非洲灾民，远远达不到要求》，http：//www. nytimes. com/cwire/2011/08/12/12climatewire－nations－fall－short－in－helping·124m－africans－13416. html? scp＝8 $ sq＝Hunger%20east%20africa&st＝cse。

③ 参见戈拉姆·马哈布·萨瓦尔（Golam Mahabub Sarwar）《孟加拉国沿海地区海平面上升的影响》（隆德大学硕士论文——国际环境科学硕士项目），http：//www. lumes. lu. se/database/alumni/04. 05/theses/golam－sarwar. pdf。

加，但采取行动的时间在缩短，耽搁行动的代价也越来越高。①

20 世纪出现了一些过度捕捞的情况。20 世纪 60 年代后期，春天的挪威也正值鲱鱼（又称青鱼）产卵时节，却遭到人类过度捕捞；20 世纪 70 年代，秘鲁海岸的凤尾鱼也遭到人类的过度捕杀；20 世纪七八十年代，大西洋的鳕鱼也曾被人过度捕捞，导致 1992 年出现了鳕鱼崩溃。② 在世界上的许多地方，鲸、海豚、金枪鱼以及其他品种的鱼类都曾遭遇过度捕捞。某一物种能否恢复，取决于整个生态系统的复原能力。一个物种的灭绝可能导致生态系统发生不可逆转的变化。显然，这对以后的食物供应将会有十分重要的影响。

20 世纪，农作物产量取得了前所未有的巨大成就，一些主要农作物，像小麦或玉米，每英亩产量呈 3 倍或 4 倍增长。这得益于农业科学和农产品的巨大改良。比如，选种、化肥、灌溉和农业技术。先进的技术能够从根本上提高农作物的产量，在接下来的十年中仍是如此，比如生物科技。现代农业的使用方法很快会在全球普及开来，如滴水灌溉技术。

但是，问题仍然存在。比如：食品产量能否与人口增长以及人类对于生活条件的需求相同步。在过去的十年里，食品价格不断上涨。③ 除了上面提到过的人口增长、天气恶化、暴风雨和洪涝干旱等，价格上涨还有如下关键因素：

（1）人类趋向于集中食用某类食物。比如在中国，随着收入增多，更多人吃肉，然而 7:1 规律指出：每产生 1 单元的肉卡路里，就需要给动物喂 7 单元的水稻。

（2）现代农业的驱动力是能源。无论是生产化肥、开拖拉机还是运输产品——有时是全球运输，都得依靠能源。从长远看，能源价格有上涨的趋势。

（3）生物燃料生产增加，其部分原因是由政府补贴造成的。当然，这也有不利影响，例如，会增加森林采伐，因而对气候产生不利影响。

2007—2008 年，粮价出现戏剧性的增长，导致全球危机不断，如食品暴乱以及美国、非洲和亚洲的动荡局面。此次危机暴露了社会资源的分配不

---

① 参见《国际地球系统专家研讨会，关于海洋压力和影响的结论和建议摘要》，http：//www. stateoftheocean. org/pdfs/1806＝IPSOshort. pdf。得出的可怕结论是："除非立即采取行动，否则，气候变化、过度开采、污染、栖息地破坏等高风险活动会导致海洋成为下一个全球灭绝事件。"

② 快速查阅，参见 http：//en. wikipedia. org/wiki/Overfishing。

③ 参见联合国粮农组织粮食价格指数，http：//www. fao. org/worldfoodsituation/wfs－home/food-pricesindex/en/。

均。粮价飞涨被认为是2011年春季阿拉伯国家出现叛乱的导火线之一。

这是普通大众的正常反应，其前景却是极可悲的。2011年5月，牛津饥荒救济委员会发出警告：食品价格的飞速上涨将会使穷人更加受挫。到2030年，农作物的平均成本将会提高120%—180%。[①] 据联合国粮食与农业组织与经济合作与发展组织预测，食品的高价至少会顽强地持续到2012年，其潜在地将至少数百万的人口推向了饥饿。[②]

但同时，当危机发生时，政府也采取了相应的应对措施。2007—2008年间，为了平抑当地粮价，许多国家大幅度地削减关税，减少税收，增加粮食补贴。还有些国家如印度、中国以及俄罗斯削减了它们的粮食出口。

当然，粮价危机也引起了连带性的影响。不断增加的粮食补贴，占用了可用于其他方面的资金，如教育和健康领域，减缓了经济的发展。另外，粮食富余与粮食不足的国家之间局势变得紧张，助长了国家之间的投机买卖和货物囤积，社会局势也由此变得紧张。如果就此发展下去，会改变国家与国家之间的平等主权，增加土地宽广与稀少国家的权利冲突，如俄罗斯与乌克兰。

应对飞涨的粮价，除了及时回应外，各国也有长期的战略布局，公司及政府部门都开始在拉美、非洲以及澳大利亚等地购买耕地。其中最突出的是中国。而遭受土地侵占、粮食膨胀的国家也采取了相应措施，如限制外资公司。[③]

总而言之，在21世纪中期之前，由于水资源缺乏、能源价格上涨、全球变暖、土壤荒漠化、捕捞过度和人口增长等原因而引发的粮食短缺的全球性危机正在向我们逼近，这些都给我们人类敲响了警钟，[④] 它们可能导致饥饿、国家内部或国与国之间的纷争不断，甚至是难民逃荒流的出现。美国前

---

① 参见 http：//www.bbc.co.uk/news/world－13597657。

② http：//www.reuters.com/article/2008/05/22/us－food－prices－idUSL22410220080522。

③ 参见 http：//farmlandgrab.org/post/view/18819 上的例子。基督教《科学箴言报》写道："重新关注土地攫取情况和急切地行使食品安全调控，阿根廷总统克里斯蒂娜·费尔南德斯说，4月27日，她会向国会提交一份法案，旨在限制外国人购买或拥有的土地量。乌拉圭政府担心像中国和沙特阿拉伯这样的国家会把最好的土地买走，已承诺会强行压制这一行为。巴西是世界上牛肉、咖啡、甘蔗、橙汁和烟草最大的生产国和出口国，去年巴西就限制本土的外国公司购买额外的房产。'发生的越来越多、越来越频繁的是许多国家都热衷于购买世界上食物、水和能源丰富的地方。'负责帮助通过新立法的乌拉圭议员豪尔赫·萨拉维亚说。"http：//www.csmonitor.com/World/Americas/2011/0506/Food－inflation－land－grabs－spur－Latin－America－to－restrict－foreign－ownership。

④ 了解概况，参见贾斯汀·吉尔斯《变暖的地球挣扎着养活自己》，http：//www.nytimes.com/2011/06/05/science/earth/05harvest.html？－r＝1&hp。这篇文章的主要信息是："哺育人类的伟大的农业体系正遭受破坏，供给人类的伟大农业系统遭破坏。由于人口的迅速增长和曾经贫穷的国家变得日益富足，农产量的快速增长使得20世纪末的食物供不应求。"

总统吉米·卡特说道："粮食短缺不仅是一个贫困问题，更是一个全球安全危机。"早在1999年，他曾说道："人们吃不饱，就没有和平可言；挨饿的人们不可能和平地生活。"① 近期综合了众多国际组织的研究和报告的图书都以消极的主题为图书命名，比如朱利安·克里布的《正在到来的饥荒》以及阿尼鲁·克利须那的《一病之遥：为什么人们变穷，又怎样摆脱贫困》。② 全球饥饿指数显示，如果完成千禧年的发展目标，到2015年，饥饿人口要减少一半，我们距走上这一正轨之日还很遥远。因此，在接下来的几年内，我们依然可能看到像20世纪60年代比拉夫饥荒一样令人不安的情景。

从这个故事中，我们可以**以*得到以下结论*：**

（1）贫困和饥饿一直是困扰人类的难题。20世纪，很多地方都已采取措施解决这两个难题，尤其是工业化国家，成效尤为显著。

（2）在大约1960年以后的去殖民化过程中，人们的注意力转移到了前殖民地的困境和潜在问题上来。事实上，一项出台的详细条款强调了：所谓的"发展中国家"不应对前殖民地的困境认命，而应该制定缜密的策略，加强国际合作，以改变这一状态。显而易见的是，虽然一些国家和地区在社会发展和福利方面已有重大进展，但也被证实仍有些政策停滞不前。

（3）尽管最初人们的心态比较乐观，但饥荒还是使人们遭受了毁灭性的挫折——最为明显的是尼日利亚大灾难。自那之后，其他类似的自然灾害和毁灭相继发生。诚然，全世界都看到了尼日利亚剧本的再度上映——大量饥荒、人类贫困以及大范围的死亡——最近的一次发生在2011年的东非。

（4）近几十年来，饥饿和饥荒的威胁越来越多地与气候和环境变化相联系——这不仅体现在全球平均气温缓慢升高，还有与之共存的自然灾害，例如洪涝、暴风雪和滚滚热浪，给粮食产量造成毁灭性影响。

（5）接下来的几十年，前景将十分黯淡。世界人口不断增长的同时，人们对福利的期望也越来越高，最重要的问题是粮食以及水和能源的缺乏将很有可能导致更大范围的饥荒。

（6）粮食缺乏反过来将导致许多国家出现国内的极端暴力行为，如粮食暴乱、政治剧变和不可预知的政权变化，以及贫困人口移民压力造成的国际

---

① 吉米·卡特：《获得和平的第一步是消除饥饿》，《国际前锋论坛报》1999年6月17日，www. iht. com/articles/1999/06/17/edicarter. 2. t. php。

② 阿尼鲁·克利须那：《一病之遥：为什么人们变穷，又怎样摆脱贫困》，牛津大学出版社2010年版。

动荡以及安全危险。

第五节 人口的不断增长和有限的地球资源

该图片来自《人口增长的极限》一书 1974 年第 2 版，皮特·威西玛摄，iStockphoto 图片社供图

　　无论是对世界政治还是对全球经济来说，1973年都是戏剧性的一年。1973年10月6日，埃及和叙利亚联合攻打以色列，该战争被称为"赎罪日战争"。说到该战争的爆发，我们又不得不提起另一个日益尖锐的矛盾，那就是走低的石油价格使阿拉伯的石油出口国的收入不断减少，这些国家都是阿拉伯的石油输出国家组织的成员，是石油输出国组织的一个分部。苏联对于此次战争爆发的回应是：向埃及和叙利亚输送武器。10月12日，美国进行反击，向以色列空运军事物资。四天后，此次军事冲突演变成一次经济危机，石油输出国组织由此宣布：油价提高70%，石油价格达到每桶11美元。① 中东阿拉伯产油国决定减少石油生产，并对西方发达资本主义国家实行石油禁运。赎罪日战争只持续了20天②，于10月26日结束，同时，贸易限制也渐渐取消了。

　　然而，经济影响持续得更久——对全球心理和政治的影响亦是如此。因为周遭形势并没有恢复原状。石油输出国已经认识到"石油武器"的威力，他们可以联手运作，形成垄断联盟，以控制全球石油价格。在石油消费国，石油输出国组织的政策会导致石油短缺以致油价上涨，但为了节能，各石油消费国可以通过价格控制、定量配给、车辆限速或是在周末和平时实施车辆限行来应对这一情况。更长远的计划是加强能源替代品的研究，生产更多的节能汽车。另一个具有长久影响力的后果是全球力量失衡，尽管不是以一种线性的方式。石油价格在1980年达到顶峰，每桶35美元，但是后来就下跌了，导致了"1980年代的石油过剩"。自那以后，油价再一次上升，并长期处于较高水平，且持续呈现周期性的上升，如2011年春季。

　　从另一个角度来看，1973年的石油危机很有意思：它凸显了一个更为大家熟知而又有争议的观点。这个观点于1972年由德内拉·梅多斯、丹尼斯·梅多斯、乔根·兰德斯和威廉·W.拜伦斯共同执笔的报告《增长的极限》中曾被广泛宣传。③ 他们分析了有限的地球资源与不断增长的世界人口之间的相互作用。《增长的极限》一书并没有去做出什么具体的预测，比如去确定当面临有限的或仅仅呈线性增长的储量时人口指数增长是如何实现的。这一报告是由计算机模拟完成的，映射出世界人口、工业化、粮食产

---

① http：//en. wikipedia. org/wiki/1973_ oil_ crisis。

② 原文为10天，译者依义义改。

③ 德内拉·梅多斯等：《增长的极限》，纽约宇宙书籍出版社1972年版。

量、资源消耗，包括石油供应之间的相互作用，并以对未来世界的假设和可利用的最佳数据为基础。我们得出的关键性结论是：对人类福祉而言，唯一可行的方案是要求减缓增长。后来，该团队进行了长达20—30年的跟踪报道，改善研究模式，以及使用最新数据——最后得出完全相同的结论。通过30年的不断修正，我们可以断定：在发展的过程中，如果超过了某一限度，就会出现另一个限度，甚至很多个限度会同时出现。[①]

在许多方面，《增长的极限》一书和托马斯·马尔萨斯于1798年首次出版的著作《人口原理》一书遥相呼应。[②] 马尔萨斯认为：人口增长必然为生活资料所限制。简言之，他的论证为人口以几何级数增加，生活资料以算术级数增加——用现在的话说就是：人口是按照指数方式增长的，资源却是按照算术方式增长的。人口增长与资源有限的矛盾会刺激社会活动，也会导致危机增加，也就是人口理论学家后来提到的"人口崩溃"，即人口总数超过地球的承载量。

大约在《增长的极限》一书出版的同时，还传来了农产品可能增产的乐观消息。喊出的口号便是"绿色革命"。"绿色革命"早在20世纪40年代就出现了，但在20世纪60年代末才得以迅速发展。"绿色革命"的推广措施包括：引进高产作物和种子，例如杂交玉米和谷类，改良牲畜喂养，增加化肥和灌溉农机的使用；引进土地轮休的新技术，防治害虫，以及管理、运输和交易的新技术。

1960年后的25年间，谷类等粮食产量成倍增加，其他诸如玉米和水稻的产量也稳定增长。这也表明，农业不仅对能源的消耗大，而且越来越依靠杀虫剂和除草剂，甚至是矿物燃料。因此，将来石油储备的减少也会导致农业生产的减少，这也是当下面临的问题。

《增长的极限》曾遭到严厉的批评。例如，诺贝尔经济学奖获得者罗伯特·梭罗批评该报告在数据上存在一些缺陷；《未来的资源》一书的作者艾伦·克尼斯和罗纳德·瑞克指出：只有该报告的作者会让有些东西以指数方式增长，其他人可不会。[③] 但是，1973年的石油危机就是一个很好的例证，该书关于资源不足的警示，不仅是由于缺乏粮食而导致的饥饿，还有饮用水

---

① 德内拉·梅多斯等：《增长的极限：三十年的现代化》（佛蒙特州白河汇，格林切尔西出版有限公司2004年版）。

② 参见例子，http://en.wikipedia.org/wiki/The-Limits-to-Growth。

③ 1972年3月13日《新闻周刊》第103页。

等资源的日益枯竭。2010 年国际食品政策研究机构发表了全球饥饿指数,我们可以从中了解到:2009 年整体饥饿人数超过 10 亿。[①]世界卫生组织发表了如下声明:

> 全世界大约有 1/5 的人口（大约 12 亿人口）居住在水资源缺乏的地区,有 1/4 的人口居住在发展中国家,他们因为基础设施不健全,无法从河里或蓄水层中获得饮用水,因此面临水资源缺乏的问题。[②]

其实,水资源不是《增长的限制》里提到的关键性资源。水资源短缺的问题可能在中国最明显。这不仅是一个严峻的形势,且有愈发严重的趋势,长期下去会造成水危机。中国拥有全世界 20% 的人口,却只占全球 7% 的水资源——其中的 85% 还要用于灌溉。如果这种状况得不到改善的话,据世界银行[③]估计,饮水压力将会造成 3000 万人沦为环境难民。每天有超过 8000 万人得步行至少 1 英里寻找饮用水。中国 160 个城市中,超过一半的地区受困于水问题,而且全国各地的地下水位每天都在下降。90% 的城市地下水、75% 的河流和湖泊都被污染了。每天有数以亿计的人喝着被污染了的水。其原因如下:

> 新工业用水需求不断加大、人口增加、农业用水、污染问题、不计后果的开发以及规划不周全,尤其在北方地区,水资源严重不足;越来越多的厕所、洗漱和洗衣机用水,以及越来越多的肉、酒消费（需要更多的水稻和水）都加大了对水源的需求。[④]

---

① 2010 年全球饥饿指数:饥饿的挑战——关注儿童营养不良危机（国际粮食政策研究所,2010）,第 3 页。

② http：//www. who. int/features/factfiles/water/en/。

③ 中国水资源缺乏公告（华盛顿:世界银行,2009）,http：//www－wds. worldbank. org/external/default/WDSContentServer/WDSP/IB/2009/01/14/000333037_20090114011126/Rendered/PDF/471110PUBo CHA0101 OFFICIALoUSEoONLY1. pdf. 了解概要,参见"中国水危机",http：//en. wikipedia. org/wiki/Chines－water－crisis。

④ 中国水资源短缺,http：//factstanddetails. com/china/php? itemid＝390&catid＝10&subcatid＝66。也可参见朴石龙发表的《气候变化对中国水资源和农业的影响》,《自然杂志》2010 年 9 月 2 日,第 467 卷第 43—51 页。

除了这些公开的报告外，公众对于全球性挑战的认知也被各种事件深深地影响。2007—2008 年，一场粮食危机给成百上千的人造成了严重影响，这可能也预示着即将到来的事情。主食的价格成双倍或三倍地增加，从 2007 年秋季起，增长最为快速。玉米、小麦、大豆和肉的成本增加，使得北方很多家庭的预算因此缩减了，而对南方那些把绝大部分收入都花在了吃的方面的贫困家庭造成的影响更为恶劣。

但是也有另一个政治上的原因。为了减少温室气体的总量，国家在政策上做出了从农产品生产向生物燃料开发的转变——在一定程度上是政府津贴的作用。这样做，对环境也造成了消极影响，比如越来越多的森林遭到砍伐。《纽约时报》的一项报告对近期的发展做出下列总结，同时也很好地论证了《增长的极限》中的言论：三十年的更新中——如果人们克服了一个极限，但整体增长仍在继续，人们还会遇到其他的极限：

> 每年，木薯、玉米、蔗糖和棕榈油等农作物的产量不断增多，它们都被转化为生物燃料。因为发达国家在法律上授权要更多地使用非化石燃料，而另外像中国这样新兴的发展大国则需要更多的新能源使汽车和工厂运转。木薯是一种新兴的生物燃料。但是随着近几个月粮价的飞涨，许多专家呼吁，人们不能只顾着开发绿色能源，而要按比例缩减绿色能源的开采。专家认为，虽然一方面雄心勃勃地要实现生物燃料目标，但在另一方面许多重要的农作物却产量平平，这只会使粮价更高、饥饿更严重、政治更加不稳定。
>
> 2011 年，联合国粮农组织报道称：粮价指数创 20 年来历史最高纪录。世界银行说，仅从 2010 年 10 月到 2011 年 1 月，粮价就涨了 15%，这可能使中低收入国家额外增加 4400 万贫困人口。近几个月，粮价之高导致贫困国家粮食暴乱、政治动荡，包括阿尔及利亚、埃及和孟加拉共和国。在这些国家，极度贫困的人们只能依靠棕榈油这一普通的生物燃料汲取基本营养。2010 年下半年，玉米价格陡然增加——美国上涨了 73%，部分原因是联合国粮食组织更多地从美国进口玉米用以加工生物乙醇。①

---

① 参见《匆急于用作物为燃料引起的食品价格上涨和饥饿恐慌》，http：//www.nytimes.com/ 2011/04/07/science/earth/07cassava.html？ _ r = 1&partner = rss&emc = rss。

　　世界粮食组织的使命是减少饥饿，尤其是世界处于弱势地区的饥饿。2008 年 3 月 20 日，世界粮食组织发出紧急呼吁。最为迫切的是达尔富尔地区的紧急需求——仅此一地，饥饿人口便高达 300 万人。另外在 80 多个国家，有 7000 万人迫切需要粮食。2007 年 6 月—2008 年 3 月，世界粮食组织的粮价上涨超过 50%，导致了预算上 5 亿美元的差额。

　　但是，问题还远不止如此。2008 年，粮食价格上涨，使得社会不安在非洲和亚洲蔓延开来。在尼日尔、塞内加尔、喀麦隆、布基纳法索、也门和摩洛哥，都发生了粮食暴乱。在菲律宾等亚洲国家，人们认为政府没有努力阻止粮食的通货膨胀，纷纷走上街道进行抗议。我们对此不难理解，这是由于粮价从 2008 年 1 月的每吨大米 373 美元，到同年 3 月最后一周，上涨为每吨 760 美元而造成的。① 引擎靠机器发动，但发动暴乱的都是一群食不果腹的劳苦大众。2008 年 3 月，世界银行行长罗伯特·佐利克呈递报告，警告说有 33 个国家可能发生社会动荡，从西部的海地、毛里塔尼亚，到北非的埃及，再到东部的孟加拉共和国。那些认为不可能的人得改变看法了。不断延伸的经济危机充分暴露了社会资源的分配不均。例如 2008 年，仅埃及就有超过 3000 万穷人靠政府救济填饱肚子。在这个世界第二大小麦进口国，人们纷纷走上街头示威。总统穆巴拉克命令军队烘烤面包并分发给人民，但是生活在贫困线以下的人仍在增加。② 菲律宾的粮食供应也受到了影响，因为它不能再依靠之前的进口国越南了。菲律宾的农业部部长建议人们把每顿吃一碗的分量减少到每顿半碗。③

　　因此，2008 年的粮食危机，不仅给普通大众带来影响，也迫使政府有所行动。一些国家减少了粮食关税，降低税收，增加津贴以降低当地价格。许多大的粮食进口国减少了关税，如沙特阿拉伯削减了小麦的进口税。其他国家如印度和中国，则缩减了粮食出口。在阿根廷，农民举行罢工，抗议政府降低其他如大豆产品的出口关税——农民想从提高国际市场价格中受益，而政府却想保持地方价格维持低水平。④ 俄罗斯在 2008 年大选前，限制小麦出

---

　　① http：//ipsnews. net/south–south/SSTV4. 3. pdf。

　　② "在埃及，上等阶层获得面包，食物短缺揭示了社会不公"，http：//www. washingtonpost. com/wp–dyn/content/article/2008/04/04/AR2008040403937. html。

　　③ http：//opinion. inquirer. net/inquireropinion/editorial/view/20080325–126227/A–rice–shortage。

　　④ http：//www. nytimes. com/2008/04. 03. world/americas/03argent. html。

口，以阻止选区粮食价格上涨的不利影响。①

这些国家应对粮价上涨，其兑现的程度也取决于自然灾害和气候变化。2010 年夏季，俄罗斯出现了罕见的高温和干旱天气——干旱程度创历史新高。农作物受损严重，减少了 1/3 的农作物产量。干旱也推高了国际粮价，使得世界水稻存储量减少。俄罗斯，这个世界第三大玉米出口国，不得不临时禁止粮食及粮食产品出口，以保证国内粮价下降。

2010 年澳大利亚先遭受了严重旱灾——"大干旱"。粮食产量减少了 98%，农业总出口率减少了 20%。紧接着，新南威尔士和澳大利亚南部地区大雨泛滥，造成小麦减产约 60%。然后，雅斯飓风损毁了全国 15% 的甘蔗。不仅农作物的损毁严重，大量农民也是穷困潦倒。②

2011 年春季，许多阿拉伯国家爆发人民起义，推翻了政权。公众起义的原因有很多，粮价上涨更是引起了人民的不满。2011 年，全球油价上涨反过来也提高了肥料、耕作和运输的成本，这些国家只能采取提高粮价的方式予以应对。③

那么，我们该何去何从呢？1973 年的第一次石油危机给我们传达的信息变得越来越清晰。动态体系这一概念已在《增长的极限》一书中被描述过。尽管这本书所引用的模型非常简单，推理方法也极为普通——但为时下的现状提供了最合适的知识参照体系，其描述了人类演变、行为变更、资源和技术使用的交互作用。这本书逐渐被人们所接受，并渐渐地影响着人们的心态。

实际上，2011 年 2 月，世界上最声名卓著的经济学家之一，杰弗里·萨克斯曾发表过这方面的演说。从中所得的启示等同于马克思和恩格斯发表的《共产党宣言》，他们曾描写了工业资本主义的动力学。因此，他的演说值得

---

① 了解新闻概貌，参见《国家如何使食品价格危机加剧，囤积食物和禁止出口这种极端行为会导致价格更高"，2008 年 4 月 9 日，美国新闻与世界报道，http://www.usnews.com/news/world/article/2008/04/09/how‐countries‐worsen‐the‐food‐price‐crisis‐print.html。更全面讨论，参见《国家对食品安全危机的反应：自然和政策所追求的最初含义》（联合国粮食与农业组织 2009 年发布），http://www.fao.org/fileadmin/user‐up‐load/ISFP/pdf‐for‐site‐Country‐Response‐to‐the‐Food‐Security.pdf。

② 了解澳大利亚旱灾概况，参见 http://en.wikipedia.org/wiki/Drought‐in‐Australia。

③ 参见例子："专家警告说，应对农作物短缺的失败加剧了政局的动荡。主要产品物价的飙升被认为是导致埃及和突尼斯动荡局面的诱因之一。" http://www.guardian.co.uk/environment/2011/feb/07/crop‐shortages‐political‐instability。

我们广泛引用:

地球上的资源很快会被人类使用完,我们每天都会对灾难性的洪涝、干旱、暴风雪,以及由此引起的市场上的物价调整感到惊愕不已。我们的命运取决于我们是相互合作还是为自我的贪婪买单。

由于世界上前所未有的巨大人口和全球空前的经济发展,世界经济正面临着新的极限。目前地球上有70亿人,而半个世纪前,只有30亿人。如今全球人均收入为10000美元,富裕国家的平均水平为40000美元,而发展中国家只有4000美元。这就意味着,世界经济的年产量为70万亿美元,而1960年只有大约10万亿美元。

中国经济每年增长约10%,印度的经济增长比例也不相上下。非洲是世界经济增长最缓慢的地区,现在每年的国内生产总值平均为5%。总的来说,发展中国家每年增长7%,发达国家每年约2%,全球约为4.5%。从许多方面来说,这是个好消息。发展中国家快速的经济增长,可以减轻贫困。例如在中国,极度贫困人口已经从30年前的占全国人口50%以上,减少到今天的10%左右。

但是,世界经济增长的另一面,我们也应理性对待。世界经济每年增长4%—5%,在20年之内,这个数字可能会翻倍。现在世界经济10万亿的年产量,到2030年会变成140万亿。如果我们从目前的增长速率推断的话,2050年前就可能达到280万亿。如果我们任由贪婪占据上风,地球将不会支持经济以这样的指数增长。即使是在今天,世界经济的发展已经破坏了大自然,快速耗尽了自然积累了上亿年的矿物燃料。气候变化导致了大范围的降雨不均衡、气温异常,以及暴风雪。

我们每天在市场上都能看到这些压力,油价上涨到每桶100美元;中国、印度和其他石油进口国也都加入美国的行列,大规模抢购石油供应,尤其是中东的石油供应。粮食价格也正处于历史最高点,导致贫困和政治动荡不断。一方面,有更多的人需要食物,人们的平均购买力也越来越强;另一方面,因气候变化引起的热浪、干旱、洪涝和其他灾害使农作物损毁,导致国际市场上的水稻产量减少。最近几个月,大范围的干旱侵袭了俄罗斯和乌克兰的粮食产区,泛滥的洪涝袭击了巴西和澳大利亚。现在,又一场干旱威胁着中国北方的粮食产区。

另外,还有一些不为人知的危险。在世界人口多的地方,包括印度北部、中国北方和美国中西部的粮食耕种区，农民靠挖掘地下水给农作物灌溉。提供灌溉用水的大蓄水层正濒临枯竭。近几年，在印度的许多地方，地下水面每年都会下降几米。随着海洋水渗入蓄水层的水盐度升高，一些深井将濒临枯竭。如果我们不做些改变，灾难是不可避免的。甘地当年的抗争就是因为这个原因。如果我们的社会遵循贪婪原则运行的话，富人为了让自己更加富裕，什么都做，愈发加深的资源危机只会导致穷人和富人之间的隔阂越来越大，很可能为了生存，变成一场暴力斗争。富人们试图用他们的权力掌控住更多的土地、更多的水和能源，必要时还会采取暴力方式以达到目的。美国已经在中东提出了一项军事化策略，希望这一方法能够确保其能源供应稳定。目前，随着中国、印度和其他国家都投标相同的资源，对石油供应国的竞争越来越激烈。

　　类似的霸占行为也发生在非洲。粮价的上涨导致人们对土地进行争夺，有权的政治家将大量农田卖给外国投资者，对贫困的小农场主所持有的土地经营权置之不理。像美国、英国、中国和印度这样的大国，几乎每个角落都有这个现象：富人享受着高额的收入和更加强大的政治权利。在原油工业和其他关键部门，美国可谓亿万富翁。同样的趋势威胁着新兴经济的发展，财富和腐败也在不断增多。人类如果被贪婪支配的话，经济增长会对自然资源造成破坏，将穷人边缘化，使我们陷入更深的社会、政治和经济危机中。我们也可以选择国家与国家之间的政治和社会合作这条道路。如果我们把我们的经济转化为可再生能源、可持续的农业生产，对富人合理地收税，那么，我们将会有充足的资源和财富可供享用。这条路需要我们通过改进技术，完善政治公正，提高道德意识，从而实现财富共享。①

　　这种观点和以一般均衡理论为基础的标准经济分析大不相同。它的范围更广，不仅尝试合作经济活动，还有政治行为；不仅是理性行动，还有社会情绪；不仅关乎市场，还关乎制度。它不是描述一个体系——当出现混乱时应如何保持平衡——而是列出细则，何时动乱会不受控制。

　　从上述讨论中，我们可以得出以下的关键性结论：

---

　　① 杰弗里·D. 萨克斯：《匮乏与共享》（辛迪加项目），2011 年 2 月 28 日。http：//www. project - syndicate. org/commentary/sachs175/English。

● 近两个世纪——罗伯特·马尔萨斯发表《人口理论》之后,有关人口增长与可用资源的问题受到人们的广泛讨论——不仅要维持全球人口增长,还要提高健康医疗水平,确保寿命的延长和更好的福利。人越多,对资源的使用就越多,人们对于生活条件的期望就越高,在所有国家都是如此。

● 1972 年出版的《增长的极限》一书,具有开创性的贡献——改变了学术和政治上的议程。批评家们认为书中的观点过于消极,但人口增长及人类对资源的需求都是不可改变也无法逃避的事实。据估计,到 21 世纪末,世界人口将达到 101 亿,[①] 对粮食(农业或渔业)的需求将会更大,矿物燃料将会消耗加快,人们对水和矿物等基本要素的需求也会更大。最重要的挑战是,使地球上的生命实现可持续发展的同时,实现政治上的可操作性。

● 地球村将会变成一个小世界,其构成成分将更加紧密地连在一起。

● 发生的这些变化不是呈线性的,也不是成比例的,而是呈非线性的。其影响通过更复杂、更难预测的联系网传播。

● 因此,一个变量的改变,可能会导致卸载点、破裂和不可逆转的变化——自然变化和社会变迁。例如,土壤荒漠化、过度捕捞、地下水耗尽或者粮价上涨而导致的粮食暴乱。超过生物和社会的承载力,可能将导致崩溃——而政权瓦解也是其中之一。

第六节　全球不断变暖,气候变化难以逆转

有些很显著的事件给公众心理造成了巨大的影响,有时是猝不及防的;有时是骇人听闻的;有时是灾难性的影响——如广岛市的原子弹爆炸、切尔诺贝利的核反应堆事件。还有一些事件来得慢,但持续时间长,其影响是逐渐显现的,有时几年内人们都察觉不到。但是,很多事件的影响累积起来就可能是灾难性的,甚至是不可逆转的。例如,蕾切尔·卡森在《寂静的春天》里描述的除草剂 DDT 对环境的破坏。她的书主要关注的是美国,但却给全世界敲响了警钟。

---

① http://www.un.org/apps/news/story.asp? NewsID = 38253&Cr = population&Crl 。也可参见联合国人口分布主页,了解最新信息,http://www.un.org/esa/population/。

如果气候继续变暖，北极熊的生存条件将会受到威胁。图为站在挪威斯瓦尔巴特埃季岛以东小冰山上的北极熊

阿涅摄，来自斯堪匹克斯图片社

最近几年，最为不利的发展就是全球变暖和气候变化——这个话题不仅是多国热议的，也是多面性的，造成了许多争议。**全球变暖**一般是指上半个世纪全球的平均气温升高的现象，而**气候变化**是指全球气候模式的分布发生

变化,时间可以从最近的几年一直追溯到冰河时代,甚至是地球诞生之日。一般来说,关于全球变暖和气候变化的问题和争议主要涉及下面7个话题:

●*改变的量*:现在的关键问题是,如果有变化,这种变化有多大?是否大到改变了空气或海洋的平均温度或者有更广泛的气候模式?长期下去的话,会发展成什么样?接下来的50年或100年里,未来轨迹可能是什么?2007年政府间气候变化专门委员会的第四次评估报告称,20世纪气温升高约0.74 + 0.18摄氏度。[①] 此外还存在一个问题,这会不会是长期趋势的一部分、未来发展的一个预兆?

●*变化原因*:全球变暖或气候变化归因于自然现象发生变化,如太阳活动、地球运行的轨道转移、火山喷发或者海洋循环。但是这些变化的发生都是人类活动造成的,尤其是人类不合理地使用能源,使用煤炭、石油和天然气等矿物燃料排放出的二氧化碳。实际上,我们给人类对地球的影响创造了一个术语,叫作"人为因素"。除了二氧化碳,主要的温室气体还有水蒸气,甲烷,氧化亚氮和影响地球吸收、排放辐射能的臭氧。大气中的这些气体如果持续增多的话,会造成全球气温持续升高,也就是"**温室效应**"。

●*温室效应*:"温室效应"最早是由法国数学家、物理学家约瑟夫·弗瑞尔于1824年提出的。1896年,瑞典的物理化学家斯凡特·阿伦尼斯(Svante Arrhenius)进行了一项经验的定量研究。[②] 但是,专家们在过去几十年里收集到的测量结果和发展模式已经改变了人们对正在发生的变化和所采取手段的总体看法。收集到的时间数列中,最为著名的是基林曲线(Keeling Curve)。该曲线根据在夏威夷的莫纳罗亚天文台观测到的数据,用曲线图表示出自1958年以来大气中二氧化碳含量的变化。基于这些观察得出的时间数列是由查理斯·大卫·基林首先提出的,这给研究大气中二氧化碳的含量提供了可靠而显著的支撑。[③]

●*变化的后果*:全球变暖和气候变化现行的和潜在的影响范围已经很明显。它们包括大量的森林砍伐、土壤荒漠化、土地锐减、栖息地损毁、水污染和物种灭绝。其中有些负面影响范围很大,如农业生产减少导致粮食短缺

---

① 政府间气候变化委员会(2007 – 05 – 04)发布《决策者摘要》(PDF版)。《2007年气候变化:自然科学依据》。http://www.ipcc.ch/pdf/assessment – report/ar4/wg1/ar4 – wg1 – spm.pdf。

② 他获得诺贝尔化学奖,参见 http://www.nobelprizes.org/nobel_ prizes/chemistry/laurates/1903/arrhenius – bio.html。

③ 参见 http://scrippsco2.ucsd.edu/program_ history/keeling_ curve_ lessons.html。

和营养不良。但有些影响也有积极的一面，如冰原退去，两极的可用资源越来越多；可以使用的新的交通路线，像北—东路线。融化的冰川和冰帽使海平面升高，升高的气温也会使暖流扩大。融化永久冻土层可以释放更多的温室气体，有可能使复杂的反馈循环活动起来。气候模式发生变化，导致更多的极端天气或事件的发生，洪涝、暴雨将会变得更加常见。

很有意思的是，我们注意到，对全球变暖和气候变化影响的警告不仅来自自然科学或医学的科研机构，还来自一些军事机构。相关个案如2011年4月5日，《英国医学杂志》上一篇关于气候变化、健康疾病和冲突矛盾的评论，① 其出发点就是国际战略研究所②的一篇新报告，报告称气候变化会影响集体安全，破坏全球秩序。气候变化的影响更多地涉及粮食安全、水、能源、卫生和医疗服务，而这反过来又会驱使更多的人移民，去竞争剩余的资源。因此，饥饿、痢疾和传染性疾病会广泛传播，再加上纷争不断，会造成死亡率升高。干旱、洪涝、热浪以及疾病的矢量的分布变化将会有同样的影响。这一分析不仅符合其他军事机构得出的结论，③ 也与医学杂志《柳叶刀》在2009年的报告相吻合，其认为因水和粮食的安全性降低、愈发贫穷的居住条件和移民等原因，气候变化是21世纪对全球健康的最大威胁。④

• **变化的分布**：因全球变暖和气候原因在全世界引起的改变不尽相同——事实上，有很多的变化形式。有些地区更容易受到缓慢变化的影响，比如海平面的上升使一些国家处于危险之中，例如印度洋上的马尔代夫，其内陆的最高点不足海拔2.5米。太平洋上位于夏威夷岛与澳大利亚之间的图

---

① 参见 http：//www.bmj.com/content/342/bmj.d1819.full。

② 参见欧盟2011年发布的国际战略研究所关于气候变化和安全的跨大西洋对话，www.iiss.org/programmes/transatlantic – dialogue – on – climate – change – and – security/。

③ 参见《2010年哥伦比亚特区美国情报委员会的有关下届国会众议院情报委员会的年度威胁评估报告》的案例。http：//dni.gov/testimonies/20100203 – testimony.pdf。《2010年美国国防部的四年一次的防务评估报告》，www.defense.gov/QDR/image/QDR – as – of – 12Feb10 – 1000.pdf。在这些内容中一份由美国情报委员会所实施的总结评估报告指出气候变化对世界区域政治有重大影响，引发贫穷、环境恶化和进一步削弱政府力量。"气候变化将会导致食品和水缺乏，加速疾病的扩散，并可能激发或加速大规模的移民。"也可参见美国国防部2010年发布的《直接战略趋势项目》《全球战略趋势》《走向2040年》。www.harrymagazine.com/201002/19022010051032 _ Documen – 07775.pdf。

④ 克斯特洛·A、阿巴斯·M、艾伦·A、鲍尔·S、贝儿·S、贝拉米·R等：《管理气候变化的健康影响》，《柳叶刀》2009年第373号，第1693—1733页。

瓦卢的内陆最高点只有海拔 4.6 米，还有基里巴斯、马绍尔岛屿。① 海平面每升高 1 米，许多沿海城市，包括伦敦、曼谷和纽约的部分区域都会被淹没。对抗潮水的经济成本对许多国家来说，是政府难以承担的。显然，许多岛国、沿海城市和河口也很容易被巨浪淹没，更多像海啸一样的极端事件将会频繁发生。全球变暖的影响不仅仅是地理变化，还有时间的波动（所在地时间的变更）。案例有 2011 年巴基斯坦的洪涝、中国南方和澳大利亚的昆士兰。类似的时间波动和地理变化也发生在暴露于倾盆大雨、台风和干旱的地区。

● **不确定性**：显然，这也掀起了人们的讨论：所记录的趋势和设计好的轨道从经验上讲是否是确定的和可靠的，还是说是贫乏的、不稳定的？所呈现的现状是世界末日的情景还是只是有文件证明的科学？在科学界和更广泛的社会中，人们对此都进行着热烈的讨论：对于全球变暖和气候变化的言论是否可信？全球变暖和气候变化是否是因为长期或短期的自然波动？毕竟，过去一直存在重要的变化，如中世纪暖期之后的小冰河期是在中世纪 16—18 世纪之间。②

类似地，反映自然现象而构建的模式是否合理，人们对此也争论不休。变数是什么？应该包括什么？参数价值应该如何评估？构想的逻辑和思路是什么？有人说模式过分简单，不能够反映真实的世界。其他人则不这么认为，他们说模式太复杂而且是非线性的，所以结论更多地取决于模式本身的复杂反馈，而不是依赖于现实世界相互联系的观察材料。因此，投射的卸载点和不可逆转性受到同样的挑战。③

● **回应**：全球变暖本身是否存在？气候变化是否起源于人类？人们对于这些问题的争论一直存在。如果有变化的话，该采取什么措施也有很多争议。人们的回应从减少温室气体排放的可行性和成本，到开发使用更加干净、少污染的技术，以运用到工厂生产、更高效的汽车引擎和低耗能的灯泡

---

　　① 参见 http：//www. greenpeace. org/internatinal/en/campaigns/climate – change/impacts/sea_ level_ rise/。

　　② 政府间气候变化委员会提出，冰川的扩展会有巨大的地区差异，因此不可能在同一时期出现异常温暖或寒冷期。参见 "2001 年气候变化：科学依据" 事务工作小组 1. 2. 3. 3 号文件《是否有个 "小冰河期"》和《"中世纪温暖期"？》，联合国环境规划署数据库 http：//www. Grida. no/climate/ipcc – tar/wg1/070. htm。

　　③ 参见有关 "冰川谬论" 的讨论的事例，比如 "政府间气候变化委员会主席拉津德·帕乔里不会为冰川谬论道歉。联合国气候变化机构主席并不认为其断言到 2035 年喜马拉雅冰川将会融化是错误的"。参见 2010 年 2 月 2 日星期二的《英国卫报》，http：//guardian. co. uk/environment/2010/feb/02/climate – change – pachauri – un – glaciers。

生产中去；从选择矿物燃料的替代品如风能和太阳能到把二氧化碳储存到地底下。还有充满想象力甚至是稀奇古怪的想法——如何通过更好地隔离民宅把更多的太阳辐射反射到太空以减少能源需求，减少红肉的消费——它不仅耗水量极大，而且也是甲烷的主要来源。

　　总而言之，正如上面我们提到过的，全球变暖和气候变化是多面的，也是多政治性的，会导致科学界以及更广泛的社会中的各种各样的争议。对于会发生什么、原因是什么、能够做什么、应该做什么、该如何作决定、由谁来作决定、应该由谁来肩负这个重担，以及该由谁负担费用，都在全世界引起热烈的讨论。这些争议不仅涉及世界现状，也涉及艺术的处理方式。缓慢趋势和极端事件都会引起这些争论。对这个问题的总结可以在一部作品里找到，该作品是**由国际科学委员会和国际社会科学委员会**联合资助的一个项目——"灾害风险综合研究计划"。它指出全球变暖和气候变化引起的稳定的、年复一年的变化不仅会产生越来越多的影响，还会诱发灾难性的自然灾害：

　　　　自然灾害对世界的影响还会增加，对社会已经造成影响的有记录的灾难频率从 1900 年至 1940 年间从每 10 年 100 场，增加到 20 世纪 60 年代的每 10 年 650 场、20 世纪 80 年代的每 10 年 2000 场，到 20 世纪 90 年代，则几乎每 10 年就会有 2800 场自然灾害发生。

　　　　受灾难的影响，每年有数以万计的人们失去生命，成百上千的人们因此受伤。在过去的 40 年中，每隔 7 年财产损失的数量就会翻倍。地震和海啸具有很可怕的影响，大多数的灾难损失都与气候有关，如台风、龙卷风、暴风雨、洪涝、山崩、磷火、热浪和干旱。据目前的证据显示，全球气候变化会继续增加灾害发生频率，与气候相关的灾害的危险性也会提高。

　　　　尤其在一些危险地区，全球化、人口增长、贫困普遍等问题，加上变化的气候会加重自然灾害的危险，使更多的人和地区陷入危险中。在城市，复杂的基础体系使生活和经济活动成为可能，经济和政治功能集中、社会分离、复杂的空间和功能的相互关系都将导致人口的脆弱直至分裂。①

---

　　① 《灾害风险综合研究计划的科学规划》，《自然和人类引发的环境危害的挑战公告》（巴黎：国际科学协会理事会，2008）共 5 页 PDF 版本。http：// www. icsu. org/publications/reports – and. reviews/IRDR – science – plan/executive – summary/？searchterm = irdr。

灾难对自然的影响也会涉及其他问题,如潜在损失如何检测(快速估计损失大小)、损失如何解决、灾难损失如何管理。这时候,保险公司要发挥其作用。首席经济师、保险信息协会总裁罗伯特·哈维格指出,我们已经以书面形式重新调整了经济和金融领域因灾害而受到赔偿的额度,并且适用于全球。①

关于该采取何种政策手段,使人们的生活从气候变化中恢复过来并得以改善的问题,一些知名的科学家称时间越来越少,但政策手段仍被推迟。例如,2007 年,在八国集团首脑会议上,领导人发表声明称到 2050 年全球温室气体排放量应至少减少 50%。2009 年,联合国气候变化大会在哥本哈根举行,关于减少每年增长的 3% 的温室气体,各国首脑并未达成一致协议就仓促地结束了会议。预计到 2015 年,温室气体排放量会达到历史新高,年均气温会升高至少 2 摄氏度,另一次气温的高峰期将会是 2065 年。只有海水水位持续上升,陆地气温才会下降。如果问题不解决,将会导致以后的气温峰值更高,拖得越久,消耗的资金越多,任务越是繁重,我们上面提到过的**"后果"**会更加严重。就如作者们的结语所言:

> 应对气候变化,采取积极有效的长期措施的机会越来越少。为了避免最为严重的影响,尽快地减少主要气体排放量是十分必要的。目前最紧急的目标是将气温的上升幅度控制在 2 摄氏度的范围之内,我们还需要几个世纪的时间才能使气候维持稳定。气候变化的后果是非常严重的,甚至是无法想象的。因此,我们应该尽快制定出相关的应对措施。②

国际海洋生态项目也提出了上述关于时间紧迫的几个观点的论述。

从上述总结中,我们可以得出如下**结论**:

• **科学家们越来越赞同:全球变暖在加剧,地球正处在气候变化最关键的时刻。然而争论无休无止,调查结果备受争议,模式也备受争议。**

• 目前虽采取了果断措施,但几十年内气温仍会持续升高,**现状能否得**

---

① 2011 年的暴风雨是历史上最大暴风雨之一,保险费也随之高涨,http://www.nytimes.com/cwire/2011/07/13climatewire - vilent - storms - make - 2011 - one - for - the - record - 85707. html? scp = 1&sq = vilent%20make%202011&st = cse。全球再保险市政公债提供的关于气候变化和自然灾害的信息。http://www.munichre.com/en/reisurance/customer - media/touch/defAult.aspx? tt = naturalhazards。

② 马丁·帕里、贾森·洛维、克莱尔·汉森:《超越、适应和恢复》,《自然杂志》2009 年 4 月 30 日第 458 期,第 1102—1103 页。

到改变，还需要经受多年的考验。

• 人们的争议不仅来源于自然变化以及如何塑造它们，还来源于*改变和改善的成本和负担如何分配*。

• 同时，*气候变化的影响，尤其是更多的极端天气出现，在所有国家和地区都可能发生*，这将造成资源损耗方面的巨大成本、生命的消逝，以及机会的流失。同时，这样的事件对人们对于全球变暖和气候变化的态度将产生很大的影响——渐渐地，全球气候变暖问题将变得更加严重、更加戏剧性以致被人们忽略（2010 年美国龙卷风的频率和强度就是最好的体现）。

• 这表明危机所造成的影响不止一个——实际上，*危机所带来的影响有很多*：气候上的、环境上的，以及社会和政治上的。

• 这些危机不可能得到有效的宣传或解决，除非它们被看成是一个整体，被同时解决。

• 当自然法则受到人类活动的影响和调节的时候，其后果将涉及整个社会乃至全球。所需的知识不可能只包含一个或者是两个学科。需要掌握的知识必须包含许多领域，从物理学、生物学到经济学、工程学和医学。

• 除此之外，为了改善人类的生活条件，我们需要做的是综合性研究：在各个合作项目中，这种研究因其自身的研究理念，把自然科学和社会科学结合起来。

第七节 脆弱的地球

纵观人类历史，世界被认为是无边无际、无穷无尽的：山脉连山脉，浩瀚的海洋消失在遥远的天际。抬头仰望，远方是辽阔无边的蓝色原野，星星若隐若现。那时旅行不便，多数人除了自己的社区外，从没去过其他任何国家和地区。实际上，多数人都是生于斯、死于斯。

数千年来，人类一直凝视着月球，思索着其奥秘。人类改变观察地球的方式，从太空注视地球，仅仅是四十年前的事。

这发生在 1968 年的平安夜，阿波罗 8 号宇宙飞船的宇航员是人类历史上第一批环绕月球背面的人。从地球上我们是看不到月球的另一面的。阿波罗 8 号首次做到了克服地球引力影响并环绕另一个天体飞行。正是在环绕月球轨道第四周时，阿波罗船员第一次看见并拍摄到日出的对立面，即"*地出*"的照片。灰色荒凉的月球地平线上是蓝色星球，背后是黑色无垠的太

　　1968 年圣诞节前夕阿波罗宇航员所拍摄的地出照。1968 年的圣诞节前夕，美国阿波罗 8 号宇宙飞船的宇航员来到月球的背面时，他们惊异于月球地平线上方的地出奇观，于是宇航员比尔·安德斯迅速抓拍了该照片（美国宇航局供图）

空。数周之后，也就是 1969 年 1 月 10 号，这幅照片第一次刊登在报纸上。之后，**"地出"** 这张照片被《生活杂志》收录于*改变世界的百张照片*之中。①

---

　　① 罗伯特·普尔：《地球升起：人类如何首次（从月球）看地球》，耶鲁大学出版社 2008 年版。描述了从阿波罗 8 号飞行器上拍摄的地球图片的历史重要性。

这些来自阿波罗之旅的照片由美国国家航空航天局的迪克·安德伍德冲洗出来。他是这样描述这些照片的：

> 许多照片都让人叹为观止——有展示火箭周围漂浮着天体残骸的阶段，庞大的地球首次被拍摄到以完整的球体悬在黑色的太空中，近距离所观测到的受到行星撞击后形成坑洼的月球表面。但其中的一张足以给人经久不息的窒息感，照片所展示的25万里远的地球是个脆弱的蓝白相间的球体，悬挂在贫瘠的灰褐色的月平线上。①

正如迪克所描述的，"此图片终将引发数以千计的环保运动，比如对公共意识的影响"②。我们的星球孤独而可爱、热情而虚弱、富饶而脆弱。正如美国宇航员卡尔·萨根之后谈论从太空观察地球所见的景象：

> 看看那圆点，就是在那儿。那就是家。那就是我们。就在那上面有你所喜欢人，所热爱的人，你所听说过的，曾经的每个人都按自己的方式生活着……故作姿态、妄自尊大及我们在宇宙中拥有一些特权的错觉都受到这一发现的挑战。我们的星球在被黑暗所包裹着的宇宙中是一个孤寂的斑点。在我们蒙昧无知的时期，在这无尽的浩瀚之中，没有迹象表明有来自其他地方的力量可以拯救我们。③

我们的蓝色星球的图片形象地向每个人展示了地球的有限性。不管地球是多么广阔无垠、浩瀚无边，可居住地也会因人们不计后果的行为、不顾及他人的交易及只顾眼前利益的无知追求而面临危险。④

我们眼前脆弱的蓝色星球的图片所展示的明显的地球纹理，对于在阿波

---

① 参见 http：//www. independent. co. uk/news/science/forty - years - since - the - first - picture - of - earth - from - space - 1297568. html。

② 同上。

③ 同上。

④ 我们有趣地注意到，这本反主流文化读物《全球目录》1968—1972年由斯图尔特·布兰德出版，该书出自于他之前的项目。"在1966年，他发起了一场公共活动，让美国国家航空和宇宙航行局公布卫星从太空拍摄的地球图片，这是第一张地球的全景图。他认为此图像可能是个有力的象征，能唤起人们共同的命运感和适应策略的观念。"第二年报告发表，也就是1969年秋天，一张又一张蓝色地球的图像刊登在书的封面上。http：//en. wikipedia. org/wiki/Whole - Earth - Catalog。

罗号环月前的两星期前《科学杂志》上所发表的文章来说意义非凡。这篇文章为加勒特·哈丁所写,题目为《公共地的悲剧》。[①] 文章所描述的是个人理性和共有利益之间的冲突。当多数个人出于自身利益而理性行事,并耗费、耗尽、破坏共享的有限资源时,即使这些是出于长远利益而保存的资源,这种冲突的窘境便会出现。过度放牧或过度捕鱼正是这一冲突的实例。每个人都尽可能地得到更好的收获,但是当所有人都这样做时,产生的结果便是堕落、衰退或者是对所共有资源的毁灭。蓝色星球的图片向我们展示的是地球有限的资源会因污染而受损,因过度开发而毁坏,因生态破坏而毁灭。

俗话说,千言不如一画,那么蓝色星球的图片的出版将是个分水岭,不可逆转地改变了人们对自身及居住地的看法。这给我们的启示可简单地归纳为:

(1) 宇宙是无限的,地球是有限的。

(2) 还有,地球是一片公共地,因此会因人口的增长、能源的使用等所造成的过度消耗或过度使用而引发许多问题。

(3) 人类的福祉不仅仅依靠我们怎样看待我们的个人利益、社会或国家利益,还依赖于我们怎样对待地球。

总结:事件驱动带来的观点和态度变化

在上面的章节中,我已大致说明:20 世纪最后 50 年,公众有关环境方面的观点已发生了巨大的变化,这被称为"生态革命"。

世界观念是怎么发生变化的? 这明显受到国际学者的新理念和新视野的强烈影响。但我的观点是心态的改变不是受到详细信息传播、科学论述和日常推理的结果,而是受事件的驱使,这些事件以明显的方式揭露先前没有意识到的和仅能模糊看见的东西。显然,对话和争议有着举足轻重的作用。更确切地说,是作为对所发生大事件的一种结果或反应或搞清事实真相的尝试。

因此,我描述了七类影响公众观点的大事件,这些事件或强烈或直接或持久地影响着公众观点。这些事件影响强烈,成为改变人们观点的转折点,并使这些观点成为一种全体观点。或更直接地归纳为:事件是催化剂,心态变化是反应。

---

① 加勒特·哈丁:《公共地的悲剧》,《自然杂志》1968 年 12 月 13 日第 162 卷 3859 号第 1243—1248 页。

因此，更广泛地说，促使人们态度或观点改变的事件的特征是什么呢？以下似乎是最具明显特征的：

• 代表现状的突然变化的事件是引人注目的。当现存的情形被破坏，事情的状态会突然重置或场景会突然改变，这都会**吸引眼球，并引人遐想**。影响力会因事件本身的大小而异，比如广岛的原子弹爆炸；或是根据后果的严重程度而定，如地震中的死亡人数。当一种趋势突然被打断时，新的情况不可能被忽视。正如关注源于大事，危机提高认知。

• 事件改变心态，**同时又是对先前孕育的观念的冲击**，最终完全分离。理所当然的事情不再存在。所谓的惊天动地的可能就是对心灵的冲击。有时生动的细节令人震惊，因为它和余下的记忆图像不吻合。可以说，**原因在于，在重压之下，通过抛开预想、弄清事件的新框架促使心理重构等方式，重新思考**。当事件颠覆世界观时，世界观就得重建。歧义必须消除。我们需要发散性思维，把点与点之间用一种不同的方式联系起来。事件以惊人的或戏剧性的方式提供控诉证据，比如说，质疑固有观念。因此，需要重新诠释事物存在的方式或者重组信息，以形成一个新的拼接的或统一的整体。事件没有解决的或分离的，需要采取新的形式结成新的整体。蕾切尔·卡森就是一个典型例子。她通过敏锐的观察和令人信服的叙述，最后将其浓缩成一个有说服力的隐喻：**寂静的春天**。

• 事件不仅引起关注，打乱预想，还招致新的阐释，这种解释就是一种社会活动。固有观念作为一群人的传统观念已被广泛接受。大事件引发讨论，存在就会有舆论，你可以从朋友那里听说，也可以从媒体、学者那里得知。**人们发表对事件的意见并相互讨论**。这种变化的社会本质在**争议**中也传达了自身性质，比如在新老追随者之间，在有关什么是合适的新参考框架的思想流派之间。也就是说，事件会渗透人们的观念网。

• 事件**对不同的年龄群有不同的影响**。人口学家罗曼·雷德尔将其称为"社会变迁研究中的同龄群体概念"，即同一时期特定年龄段所经历的事件。雷德尔的观念是事件的影响取决于生活阶段或所处的社会条件。同龄群体所受的影响不同是因其在不同年龄段经历了相同历史变化，比如比夫拉的饥荒。"历史决定同龄群体的命运。"①

---

① "同龄群体分析"，http：//www.novelguide.com/a/discover/epop - 01/epop - 01 - 00067. html。

- 事件给人心灵带来的不仅仅是震撼,还有恐惧:对人情感的蔑视和安全感的侵犯。先前持有的信念的扰动是感情化的,并融合了新的脆弱感。反过来,这种情况增加了对信息的需求和警惕性。在许多情况下,甚至住在遥远地方的人也会受到其直接的影响。事件将推翻人们先前"那不可能发生在这里"的预想。福岛核事故给许多国家以启示,靠近家园的核电站也不安全:"确实,那可能发生在这里!"即使在那些不可能受核污染影响的国家或家园中,人们也会对他人的命运深感同情——非洲的饥荒会使人沮丧并充满同情。在危急关头看到的不仅仅是自身的危险,还有社会的风险以及对世界的威胁。

- 事件的影响可能不是直接的、缓慢的和累积的,**而是在同一时刻遭受不同方向的突然冲击而形成非线性的、突然的和流动的特点**。事件可能是由多个堆积的小变化引起大变化而形成的引爆点或危机,而非一点点的改变。① 全球变暖在起初可能是缓慢的,但是很快就会形成快速的不可逆转的变化。这种画面的未来令人痛苦和担忧。

- 事件不仅会影响个人和他人的相互关系,也会影响整个社区和民族。当他们质疑广泛持有的价值观念和突出其巨大利益时,**事件会被提上政治日程,并证明能改变游戏规则**。看起来似乎不可能的事情突然成为必要的。例如,2011 年 5 月 30 日,德国总理安格拉·默克尔颁布的一条法令,"到 2022 年关闭所有核反应堆",这条法令是在福岛核事故发生后匆忙通过的。② 显然,若事件带来政治性问题时,那么就会产生摩擦、抵制、反抗和争议。实际上,当政治上有冲突时,那么事件也难以置身其外。

- 最后,事件会立刻激发相关领域的一些不同观点的改变,如转换,特别是集体转换,许多可以作用于同一事件,也会对彼此的反应做出回应。2010 年,英国石油公司在墨西哥湾长达 3 个月的石油泄漏,使人们突然意识到了污染的危害,突显了对环境的巨大威胁,也就是说,其涉及二氧化碳的排放和全球变暖。即使观点和态度的改变是由事件引起的,显然,科学研究和科学论述不仅在阐释事件和启发公众方面发挥着重要的作用,而且在通过提供论证和框架一致性上来理解事件和整合框架方面也发挥着重要的作用。

---

① 马尔科姆·格莱德威尔:《引爆点》,利特尔和布朗出版社 2000 年版。

② "德国政府希望最迟在 2022 年退出核能",http://uk.reuters.com/article/2011/05/30/us-germany-nuclear-idUKTRE74Q2P120110530。

科学家辨别形式，讲述有序、有义、有形的故事，否则这些事件可能以不相关、片断式、无序的形式出现。因此这些事件可能扩大或强化以重构心智地图、调整心态并传播共同理由和说明。随着时间的推移，先前只是概略独立的故事会以一种复杂的、完整的方式叙述出来。

事件带来变化的同时也带来一些关于什么样的过程会引起认知和观念的变化的大问题，人们如何带有认知性和社会性来学习和组织思维，这正是我们现在要研究的问题。

　　图为 2011 年 3 月 11 日里氏 9.0 级地震袭击日本北部后不久海啸冲破堤坝，海水进入岩手县宫古市的情形。日本时事通讯社/法新社斯堪匹克斯图片社供图

第四章　对态度转变的解释

关于气候变化，人们相信些什么呢？我们对于气候变化的了解并不算少，但我们对于这些信念的变化和引起这些变化的原因却了解甚微，甚至对有关心态的变化如何与社会关系的变化相关联知之甚少。

2007—2008年盖洛普公司在137个国家中进行了民意测验，了解全球变暖方面的情况。世界上有1/3的人口从未听说过全球变暖这回事。知道"一些"或"很多"的人口比例从利比亚的低端15%到日本的高端99%。高度发达的国家公众意识趋强，欠发达国家的则趋弱，而非洲国家的公众意识最低。在了解气候变化的人当中，认为温度升高是人类活动的结果比例最高的是在拉丁美洲，而在非洲、部分亚洲国家、中东和俄罗斯，相反观念则广为流传。[①]

2007年的一项民意测验表明：美国人不如欧洲人关心气候的变化。尼克·皮金教授是卡迪夫大学的一位专门研究人们对气候变化持何种态度的专家。他评论道："欧洲人争论的是需要采取什么行动，而许多美国人仍然还在争论气候变化是否在发生。"皮金说，国家态度反映了政治家们的话语；反过来，政治家们的言谈对政策产生很大的影响。"随着政治家和一些石油公司不断提出该问题，在过去的五年中该问题在欧洲被重新审视……与此同时，我们仍然见到许多怀疑气候变化的论调源自美国。"皮金说这项民意调查反映了大西洋两岸对全球变暖这一问题在不同阶段的参与。[②] 换言之：国家领导人的意见最为重要。

---

① 布雷特·W. 佩尔汉姆："全球关于全球变暖的意识和观点的不统一。许多意识不到的并不一定归咎于人类活动。"http：//www. gallup. com/poll/Awareness – Opinions – Global – Warming – Vary – Worldwide. aspx（2011年5月7日更新）。

② 参见《民意调查显示，欧洲气候问题比美洲更令人担忧》，IHT，http：//www. nytimes. com/2007/011/04/helth/04iht – poll. 4102536. html。

2007 年一项来自英国的研究表明，公众越来越多地认识到气候变化是一个对子孙后代具有深远影响的重要全球性问题—— 45% 的人认为气候变化是当今世界所面临的最严重的威胁，53% 的人相信气候变化将对后代产生重大影响。整整有 88% 的人，不论何种原因，相信气候正在发生变化。然而公众意见与联合国政府间气候变化专门小组的意见相背离：41% 的人认为气候变化是由于人类活动和自然进程共同造成的，而 46% 的人认为人类活动是主要原因，正如联合国政府间气候变化专门小组的看法一样。在此要认识到人们有能力找到解决办法的不断高涨的乐观精神，也要认识到环境的局限和采取行动的必要性。大部分人对此持怀疑态度并且不能确定这是门科学，气候变化的相关报告在此基础之上做出。总共有 63% 的人认为他们需要更多的信息以形成肯定的观点。①

但态度的形成和态度的改变仅仅是——或主要是—— 一个需要获得更多信息的问题吗？

第一节　信念与身份认同

身份的核心是稳定的，身份就是使一个人能够进行自我辨认并能让他人认出的特性。信念、性情和态度构成你是何人——心态是你身份的核心。其实，心态这一术语传达的含义是：心态是确定的——在较长时间内它仍然保持固定不变。身份认同意味着你过去是怎样的现在就是怎样的并将保持不变。

因此，人类倾向于相当稳定的观点——和去年一样，他们今年也仍然相信、支持并表达同样的事情。他们在总体上仍然"忠实于他们自己"和"忠实于个性"，例如，通常如果人们的行为和他们的信念及自我认同一致，这种自我认同就会持续下去。

但事实上你所相信的可能是错误的，你的观念也可能被误解。并且同样重要的是，你对发生的事情所持的观点或因此需要做什么的观点会发生改变。甚至，你可以坚定地自我认同，但要善于思考。这就引出一个广泛而重

① 　菲尔·唐宁、乔·巴兰缇妮：《引爆点或燃烧点》（Ipsos Mori 社会研究所，2007），http：//www. ipsos - mori. com/DownloadPublication/1174_ sri_ tipping_ point_ or_ turning_ point_ climate_ change. pdf。

要的问题，那就是什么将有助于信念、观点和态度的稳定，以及什么促使它们改变，还有，在其他事物改变时，什么仍然保持稳定不变。

我们特别要提出两个问题：对于气候和环境的态度如何，将如何变化；人们对于气候变化的观念及态度的研究将如何为社会科学提供重要的机会，它不仅在这个特定的实质性领域，而且更普遍地产生出关于世界观和价值观变化的见解来。第一个问题是关于社会科学对于环境论述的贡献。第二个问题是环境问题如何影响社会研究的议程。

在前面的章节中，我们已经认识到诸如广岛原子弹爆炸、切尔诺贝利的核事故这样的突发事件以及诸如尼日利亚饥荒和全球变暖这样的发展缓慢但有威胁性的事件的进程是怎样动摇颠覆公众心态的。

对这些事件及其发展的描述引导我们直奔话题，我们现在将更为详细地讨论它：若如本书引言所述，公众意见对全球气候和地球的未来将何去何从有着深刻的影响——其实，几种态度和认识差不多是同时发生变化——此变化的发生是通过何种心理过程和社会过程展开的？政治在这之中又扮演了什么角色？

第二节　空头的谬误

身份认同的对立面是心态尚未固定，尚未受到他人或外部世界的影响，思想是不固定的且尚未形成的。确实，人们可以将其称为人的大脑最原始的、无结构状态——婴儿出生时的白板状态。

然而，一块干净的白板并非长久的正常人类状态，婴儿分娩出来后外部世界便立刻开始对其大脑施加影响。因而典型的并非每个人的大脑都是空白的——它是有装备的，有的甚至是凌乱的。而且它并非长期无形的或可塑的，而是越来越固定和结实。这也是为什么我们要谈论"个性结构"和"性格特征"的原因——一个人持久的特征、个性与思维的构造。

假设人们在一般领域或特定领域没有或少有坚定的信念或固定的观点，那就可称其为"空头的谬误"。与其相反，可以说每个人的大脑都是充实的。例如，充满了生活事实和世界如何运作的设想，它们基于来自人类和制度、对象和过程的外部世界的经验。由概念地图和因果关系组成的信念使大脑在可能的世界里操作并处理其个人事务。拥有开放的头脑也可能暗示着一个空的头脑。

思维的形成当然要受他人的影响。这种铭记过程需要时间。它通过与家人和朋友们的互动,在社团中与同事和合作者的交往,以及在与对手和敌人的交手中逐步发展;而且更正式地是通过学习和工作来发展。大脑白板上的一些书写来自直接的个人遭遇,其他部分则是基于间接经验,例如来自教育。思想观由社会进程所塑造。

然而即便在形成思想的过程中,观点也是可以改变的。不过,它常常需耗费特别的精力去重新形成一种思想——去改变或修改已经固定下来的思想——将一些别的东西放在里面。或另打一个比方:改变一个人的思想就像写在重写本上的文字——羊皮纸上早期的文本被部分地或全部地擦掉或清除,以便为另一文本留出空间。需要清除一些东西以便为新的书写腾出空间。举个例子:人们对疾病的病因和治愈方法常常有固定的但错误的观念。比如,许多人认为艾滋病可以通过接触、接吻或蚊虫传播,或者认为它的病因是由于阴谋,[1] 一些人甚至认为它可以通过与处女性交而得到治愈。一种思维可能被事实填充,也可能被部分神话所填充。重要的是,要改变这些看法只能通过可替换的信念来进行。

由于看法持有一套与问题有关的系统,比如疾病,也常与其他态度挂钩,如两性关系——他们通常不可能孤立地发生变化而成为独立的信念。他们常由网状的逻辑连接,并且由于这种逻辑的牵连,一种态度的改变常暗示着整体观点的改变。其实,有时候是整个人生观的改变。或者换句话说:一种转换必须要以之前观点的改变为前提。并且,尽管人们对于所相信的仍有保留,但思维是相当拥挤的地方,如果没有特殊原因,我们都倾向于将我们已经相信的从一个领域扩展到另一个领域,而且因为一些观念是普及的——比如从"瑞典人"的观念推广到"外国人"的观念。人们对每件事情都各有看法,而且这些观念是彼此相连的。因此关键是你的观念会如何发生改变——不只是一种观点的改变,而是整个观点甚至是远景的改变?

第三节　事件驱动的态度变化

前一章节中给出的核心论点是对于事物的观点和看法能由事件本身的发

---

① 参见例证《关于 HIV 和 AIDS 的十大虚构和误解》,http://www.webmd.com/hiv-aids/top-10-misconceptions-about-hiv-aids。

展所改变。难以辨别的是，自然之力是否就是大自然母亲发出的坚定的和经久不衰的声音，比如常常将我们暴露在重力面前，或者当她强力述说时，犹如飓风的狂怒或旱灾的破坏。很难相信有什么能与所有经验相反。

换句话说：前一章节发生的事件即所谓的"生态革命"，或许有不均衡以及不协调的情况，但公众对于气候变化的态度和假设的广泛改变，是因原始事件而起的。

关键是人们想在世界的状态和他们对世界的看法之间建立一种对应关系。但一些至关重要的事件——要么是像广岛核爆炸一样的突发的或戏剧性事件，要么是像《寂静的春天》中描述的人们逐渐意识到的一些潜在的危险——可能破坏现实与表象之间的相似性。推定和直觉之间出现了鸿沟，之前所持观点与实际情形相分离。或者，比方说，如同图画和实际场景之间出现的差异。对之前所持观点的一个突然挑战和导致之前行动转变的另一个术语叫作"斯普特尼克时刻"（关键时刻），指的是苏联在 1957 年发射第一颗人造卫星环绕地球运行，它摧毁了美国的技术霸权地位的信念，从而促成了美国国家宇航局的建立。

如前所述，由于一些灾难或不测野蛮而不可否认地出现，这种分离有时候会由此产生压力和痛苦。先前所持的信念受到干扰，引起困惑、混乱或震惊。有时候此种情形可被称为认知崩溃，即，在此事件之前人们从未怀疑过的被证明为不恰当或纯粹是错的。一系列的信念分离了——它们不仅彼此分离也与现实相分离。因为认知的分离，整个事件可能会使人心绪不宁。处理新形势下的紧急事件需要对事情的状况以及事态将如何发展有一个新的理解。可以说，事件的转变要求思想的改变。形势的力量迫使如何看待此形势发生变化：当你从未想过的事情实际上却发生了的时候，你会感到震惊。

假设和事件过程之间的这种差异也会慢慢地出现，累积发展，然后你会突然意识到某个关键时刻——如同太阳西沉时柔和的暮光掩盖住的黄昏将使人陷入黑暗这一事实。因此这种逐渐扩大的差距也被认为会引向一个临界点——正如有些人对于全球变暖的感觉一样[①]（对某些疾病的认识有此特点——比如，你逐渐明白一系列渐增的变化行为是由老年痴呆症所致）。

---

① 关于讨论，参见迈克尔·D. 莱蒙尼克：《全球变暖：超越临界点》，《美国科学》2008 年 10 月 6 日。http：//www. scientificamerican. com/article. cfm？id＝global－warming－beyond－the－co2。

第四节　事件驱动态度变化的"经典引言"

"不可抗力"是保险的术语,指并非由人为因素造成的或人类干扰无法避免的自然事件——比如暴风雨、洪灾或雷电——因此不能追究人类的责任。不过,当这些事件发生时,了解、适应或改进是可能的——比如,讨论通过减少温室气体的排放来减缓全球变暖进程,这也会减少反常气候发生的频率。[①] 改变人们的世界观,即便是从"天灾"中学也是可能的。

这种由事件引起观点的根本改变的经典解释是使徒保罗去大马士革路上发生转变的圣经解释。一位名叫索尔(Saul)的男人,作为一名早期基督徒的迫害者之一,在从耶路撒冷去大马士革的路上,被一道耀眼的光芒击倒在地,并有一个神圣的声音直接对他说话,引导他停止狩猎,皈依基督教,并采用保罗这个名字(见《使徒行传之九》)。因此这种引起人们态度、人生观、看法或信仰突变的转型遭遇有时候被称作"通往大马士革的经历""大马士革的转变"或"保罗的转变"。这种改变人生事件的叙述,从根本上改变人生观或极大地改变人们的观点是有教益的,因为它强调了一种转变,作为一系列分析上不同却又有关联的变化:

* 作为早期信念**替代物**的改变。先验的、不容置疑的、扣人心弦的信念变成心理上压倒一切的信念。

* **更宽广的心理地图**方面的变化。比如,不仅是偏见的替代品,同时也是某些新信念的替代品;比如,**世界观**的变化——在认知、概念和范畴方面——是**世界状态**变化的结果。

* 作为**重要事件**的重新安排或特定事件的**显著性**变化,比如,**优先权的转变**。

* 改变不仅在于"改变是什么"的概念意义,也在于"应该是什么样的改变"或在"什么被看作好的或坏的改变"。

* 改变不只发生在关于世界如何运转的推测中,也发生在道德"责任"上以及"世界会如何变和必须怎样变"的行为规则中。

* 合作者或共谋犯间的变化——比如,与以前伙伴分开和与以前的同

①　这同样意味着过去被看作"上帝的行动"的源头,也就是,人类的干预已经引发了自然灾难,如大坝重量引发地震。

盟者分离，或与有相同观点和信念的其他人建立联系。**智力上的重新取向是与某种社会改组相联系的**。一种新的思想流派的出现意味着新的争议、新的同事和对手、新的战友和新的联盟者。

智慧的见解、主观意见和道德取向不仅从逻辑上与个体相互联系，而且还嵌入它们之间的社会网络，这一事实叫作"双重嵌入"。索尔作为个人被闪电击中，他采用了新名字以及新的信仰，"保罗"作为一个改变宗教信仰的人的象征，他也与新的知己和伙伴有了联系。我将在下文返回到这一点上来。

这个事实——即你所想产生的后果不仅是因为"你是谁"，也由于"你跟谁有联系"——是态度转变的另一个原因，而心态变化是艰难的、真正令人不安的。观点的变化赋予人新的个性和社会性。意见的分歧可能导致与先前的同事分离。立场观点的彻底改变可能会引发批评和冲突。因另一事业而背弃原来的事业可能会导致你被看作一个背叛者、异教徒或变节者，但也可能受到新的志趣相投者的欢迎。因此认知转变有时候会导致社会网络的破裂：改变你的意见意味着你不得不改变所结交的人。如果你的朋友与你站在相同的角度看待世界，那么改变对于你就更容易一些。以新的叙事连接信仰在通过对新的叙事的分享这个过程中得到促进和支持。如果他人也受到同样的启迪，那么对于观念变化的接受将更加容易。新信念促成新的伙伴关系。

"通往大马士革的经历"已经频繁出现在关于气候变化的信念和态度发展的过程中。① 实际上，气候是否在发生变化尚存争议。

第五节 观点改变的根源

基于以上背景，我们来讨论一下更多可让公众观点和看法发生改变的具体机制。这个讨论可以围绕十个关键问题来展开。

---

① 一位美国著名的物理学家理查德·穆勒最近提出一个例子，他不相信表明地球表面正逐渐变暖的数据，决定亲自进行调查。他花了两年时间进行的调查结果已经发表。该调查的部分资助来自于查尔斯·科赫基金会，其创始人极力否认全球变暖的事实。正如多年来大多数科学家所言，地球确实在变暖。参见 http：//www. nytimes. com///opinoin/drmullers - findings - on - global - warming. html？ scp = 1&sq = Richard％20Muller％20Koch&st = cse。

1. 你的信念与事实相符吗?

由事件引发的态度转变是更广的智力过程的一个子集。有时称作"事实胜于雄辩"。但事实不能为自己发言——它们只有通过理论说话,比如,其与某种特定的预见或信念有关。

以全球变暖这个观念为例:它是会发生还是不会发生呢? 我们知道温度每年都会有波动,有些冬天特别冷,有些春天来得异常的早。天气是不稳定的,没有哪一年会完全跟另一年一样。同样的,不同国家和地区的天气会有不同的变化。厄尔尼诺——一种常见于太平洋地区的气候事件,会有周期性的冷热波动。一些特定地区的气候在过去的同一时期与当下相比较,有时更热有时更冷。

因此,为了解决全球变暖这个问题,我们必须要问:如果全球变暖发生了,我们需要遵循什么呢? 在实证的结果中,我们应该基于真实世界的发现,如下:

● 能够确定的不仅是温度波动,还有经过一段时间之后的温度发展的真正趋势,即平均温度的长期上升。

● 这种上升不能限制在特定的区域,而应该是一个广阔的全球现象。因此可以在世界上许多不同的地区观察到,比如,在一系列有代表性的测量点的位置上。

● 温度的整体上升应该在世界上暴露区更多的范围内得到证明,比如在两极地区或在有高山冰川的区域。

● 如果全球温度上升,气象模型将预测出更多极端的天气,因此将会有更多极端天气的情况产生。

如果以上线索存在于真实世界中,那么全球变暖的概念则被事实所支撑(当然也有人可能想检验其他的暗示)。

这种方式,即整体循环法——

● 从某个概念或观念出发,看看正在发生什么;

● 指定一个模型去解释它;

● 从模型中提取实证的结果;

● 然后,拿它们来跟事实做核对。

以上是被提炼的和系统化的科学方法,也是通常人们用来面对世界的一种逻辑。比如,当人们试着通过观看云朵的形状来判断是否会下雨时,这种一般逻辑就产生了。或者当通过不同症状来辨别你正受到哪种疾病影响时，这种一般逻辑就会产生。

一种态度或一种观点可以被认为是一种暂时的认知假设。比如，你可能认为一个木制的梯子是坚固而安全的。然而，如果某人爬上这梯子并且梯子有一梯级断裂时，你可能会修正之前的信念。这时，你的原始信念就与事件事实相矛盾。

可以说，事件引起的态度变化是科学方法的原始版本。经历的事件可以是令人吃惊的或令人难以置信的、令人不安的或毁灭性的，它使得之前的信念不能再得以维持。可以说，灾难的发生是自然试验产生的结果与你所珍视的观点相矛盾。而且它不是逐步发生的——它是一种"不可控实验"，因此更会产生令人恐惧而又目瞪口呆的效果。事件解决了争端：现实压倒了你预设的观念，你所坚信的观点便站不住脚了。

这就是为什么诸如广岛或《寂静的春天》这样的案例被选中并放在文章第一部分的原因：它们能够使人集中注意力，阐明议题并通过引出与偏见或常识相反的事实以改变思想，将我们带向解决问题的漫漫长路。

2.　事件会怎样影响你？

对你的观点或态度有心理影响的一件事——它的影响因素——可以理解为你是如何瞬时而直接地受它影响的。因此，在因事件驱使的观点改变中，

- 事件本身大小，
- 不管它接触到你的方式是直接果断或是间接地扩散，
- 不管你是否可以影响或控制它的效果，
- 不管它是否影响你的至亲、邻居、社团、国家或更远地方的人们，

都将对事件如何解释、你感受到的脆弱感以及认为需要采取的行动产生影响。

距离事件的发生地越近，个人体验就越及时直接，该事件就越有可能导致假设和态度的重新定位或重新构建。同样的，事件的影响越剧烈或越具创伤性——比如威胁健康、丧失生命、个人受伤或被赶出家门、物质破坏——对人的心理影响就越大。一个很好的例子就是1954年美国在太平洋中部的比基尼岛进行的热核武器实验引起的意外污染事故。正如上文提到的日本的金枪鱼捕捞船，即"第五福龙丸"或者"第五福龙丸号渔船"事件。当时该捕捞船只的全体船员以及被打捞上岸的鱼都遭受了来自核辐射的污染。受污染

的雨水,受到辐射的鱼类、水稻和蔬菜也成为一个重要议题,并且"使日本大众都感到了危险"。可以说,这些担心进入了人们的家庭,担忧吃什么安全和给孩子吃什么安全。除了直接的健康影响外,还有由于消费下降和失去市场所带来的经济损失。之后这种惊慌转变成一种全面的政治性禁止核武器运动并提上了日本政府的国际政治议程。①

另一个例子是 2011 年 3 月的东日本大地震、随之而来的海啸和引起全球公众震惊的福岛核电站余波。但对日本家庭的总体影响最大。这时,大部分的人意识到最为深刻的个人危险,其改变了他们对于核风险的观点并由此加强了其长久的无助感。

因此,对风险的敏感不仅是一个自然力量和自然现象的问题,而且也是由大灾难而引发的对人类行为和对灾难反应的影响,以及政府机构安排和政治回应时常常暴露出的巨大的不足。

受到现代视觉媒体的影响,比如通过电视,或越来越多地通过因特网上的短片,人与人的距离不再是一个实际地理位置或社会距离的问题。由于人们能用移动电话摄像并上传他们所经历的或见证的,能够从全球各个热点地区获得真实而从未过滤的实时报道,这给予了我们谈论虚拟距离的机会。

3. 这样合乎情理吗?

一致性在解释和应对人类行为的核心理论中被提及。标准的经济理论在很大程度上是基于理性行为者而假设的。按照定义,理性行为者被认为是井然有序的和对于爱好的事物始终如一——他们也不能敢想敢做。他们被假定为拥有一致的世界观——他们不能同时相信世界既是平的又是圆的。理性选择理论基于对排名顺序的偏好。一致的认知也是一个理论框架,它不仅适用于经济学,也被频繁地用于政治学和社会学中。

几种心理学理论以所谓的三重融合原理为前提:

- 信仰与价值的融合;
- 态度与行为的融合;
- 不同态度间或不同信仰间的融合。

---

① 关于彻底的分析,参见 Toshihiro Higuchi《放射性回落物,风险政治以及全球环境危机的形成,1954—1963 年》,博士学位论文,华盛顿乔治敦大学艺术科学研究生院,2011 年。本引用取自于该博士论文第 47 页,以及特别助理办公室的第五盒档案记录(OSADR),怀特家庭办公室(WHO),德韦特·D. 艾森图书馆(DDEL),堪萨斯州阿比林。

　　驱使信仰或设想改变的暗含于以上三种融合中的指向是相互矛盾的。比如，"人们有意趋向一致并将为此改变他们的信仰、态度、看法和行为以实现一致性"①。当不一致变得明显时，不适应甚至窘迫将促使人们努力趋向和解或再结盟。

　　第一种形式的融合暗示着信仰和价值是**按等级排列或组织的**。比如，一个关于上帝存在的信仰在逻辑上将优先归于上帝的道德权威。或者，神的戒律比特定的原则或格言对人类行为或活动更重要——因此不同准则间的冲突可通过参考这些戒律而得到解决。另一个例子可由法律引发：一个国家的宪法章节具有权威性而且它们居于首位以解决特定法律条款间的不一致。或者，这一点可通过数学的发展来加以说明：公理先于定理，定理依次先于运用它们去解决的特定问题。测试一个论点是否有效，就看它是否能毫无矛盾地被证明出来或者看它能否被归入更多遵循一般原则的相同集里。法律系统努力地根除不一致性；只要数学推论在逻辑上是行得通的，它就是可以被接受的。

　　第二种形式的融合——即态度与行为的融合——暗示了行为选择如果与公开的原则不相符，就会被认为是不一致的。标准的信条是一个人应该按照他的个人信仰行动并按照他自己的原则来行动。然而，在现实生活中，一个人不能期望行为总是遵循态度或期望人们按照信念生活，即"人们把钱花在他们需要的地方"。

　　第三种形式的融合是**不同态度的排列**——可以说，是水平地而非按等级地排列。态度的逻辑性或态度的因果关系意味着他们在逻辑整体、网络或地图上是相连的或并列的。例如，如果你相信全球变暖正在发生，你认为它是人类活动的结果，你认为它将对人类健康有不利影响，你相信能对之实施有效的应对措施，那么人们就会希望你会提倡或支持这些措施。每一个信仰都不是孤立地与其他信仰相分离；相反，他们与其他可识别的模式相结合并交

---

　　① "偏爱一致性：有效措施的发展以及惊人的行为暗示的发现"，参见罗伯特·B. 西德尼、梅兰妮·R. 特罗斯特、杰森·T. 纽森《个性与社会心理学》，1995 年第 69 卷，第 318—328 页。基于《一致性机动》的心理理论首次由弗里兹·海德提出，论文《态度和认知组织》发表在《个性心理学杂志》1946 年第 21 期，第 107—112 页，并在《人际关系心理学》（纽约，1958）中加以阐释。海德被称为"平衡理论之父"，该理论将一致性动机界定为追求心理平衡的动机。海德的理论已经受到挑战；例子参见西德尼、特罗斯特和纽森的文章，后者一致性原则的解释性效用已经有所动摇。"（在他们的研究中）有相当惊人比例（至少一半）的参与者，没有表现出强烈的对一致性的偏爱。该发现可能解释为什么不能发现或者复制（a）传统的一致性效果和（b）大量其他实验现象。"

织在一起。因此,当你呈现不同的态度或观点时,你就会面对这样的问题:他们能说明问题吗?如果不能,接着在融合公理的基础上态度或信仰可能通过争辩发生改变。从一系列预见开始,人们能够使彼此相信,相信他们的一些信念或部分观点应该被修正,因为它们彼此不一致、不相容或不可调和。①这就是通常所谓的"*辩论的力量*"。

有时,这种辩论模式叫作辩证法或苏格拉底反诘法。它旨在精确地通过分辨不一致来理性地探测错误——即使这些错误最初没有被持有不一致意见的人们所识别。因此,对话的目的是消除引起矛盾的观点或态度并确认那些与其他信仰一致或含有更多普遍真理的观点或态度。

4. 你是如何处理差异的?

上面我们讨论了融合和一致性原则,即人们会改变信仰、态度和观点以便实现在不同观点之间达成一致或与事实相符。

然而,普通人所珍视的信仰,或决策者所见,或被证明是错误的观点都不足以导致信念的丢弃。不同行为的人即使在直面事实的情况下仍可能坚持他们的错误想法。以下是来自约翰·梅兰德·凯恩斯的著名引言:

> 经济学家和政治哲学家的观点,不管是对的还是错的,都比普通人的理解更具效力。事实上统治世界的,就只是这些思想而已。认为自己能免除任何智力影响的实践者们往往是一些已故经济学家的奴隶。②

因此,即便有强大的对立证据,什么样的机制能够使人们坚持其错误的观点或想法呢?一些关键的机制如下:

●*选择性知觉*。人们倾向于过滤掉那些有悖于他们已经相信的观点并接受那些符合或支持与其想法具有一致性的论述(比如上面讨论的"空头的谬论")。我们的认知通常与我们的信念相一致,而不是与事实一致。这种机制可用习语描述,比如"他见他喜欢见的,听他喜欢听的",或用这样的表达,

---

① 马克思·韦伯在他的著作《新教伦理与资本主义精神》中阐明了该观点。参见古德曼·赫内斯《"新教伦理"的逻辑》,《理性与社会》1989年7月第1期,第123—182页。

② 约翰·梅纳德·凯恩斯:《就业、利率和货币通论》,第24章。

比如"情人眼里出西施",或者,更消极地,用"扭曲事实"描述。[①] 许多研究记录了这种趋势。选择性感知也是科学家试着通过用盲法试验来保护自己的机制。在盲法试验中,试验者将一些确定的信息排除在外,这些信息可能会使报告或解释存在偏见,从而使结果无效。在双盲试验中,为了避免主观偏见,研究者和被试者都不知道谁属于实验组、谁属于控制组。但很明显,日常生活并没有遵循这种严格的程序,这使得人们坚持自己已经拥有的信仰让自己更感安慰。

● **选择性记忆**。记住某些事实并忘记其他——与选择性感知相关,如同**痴心妄想**一样:形成让人感到安慰的信仰,通过支撑的事实来维持它们并忽略反证。[②] 在任何情形下,人们都倾向于已经建立的信念或他们所希望的那种情形。如果说情人眼里出西施,那么真理也一样。

● **重新解释或合理化**。如果证据违反了你所相信的,那你可以选择忽视它,为它辩解,或重新解释它。忽视或否认与你所珍视的意见或青睐的信仰相反的证据,心理学理论将这种现象称为"**认知失调**"。[③]认知失调就是当你同时持有两个相冲突的观点或当新信息与你已有的观念相冲突时,自我会感到一种苦恼或不适。这一理论最初是由利昂·费斯汀格在《当预言失败》一书中提出的。书中描述的信仰者们期望某天世界即将终结。但是当这个预言被事实证明为不正确时——世界末日没有发生——这种膜拜没有消失:它反而增长了,而且拥护者们因对不可否认事实的共享的重新解释变得更虔诚了。[④] 最近的例子是美国的收录机福音传道者哈罗德·康平,他预计 2011 年 5 月 21 日是"世界末日"。两天后康平坚持他的预言但重新计算了它的发生

---

① 例如,研究发现一瓶红酒的价位影响着品尝者对其好坏的判断:一瓶 90 美元的红酒口感绝对远好于 5 美元的,45 美元的那瓶比 35 美元的要好。价位甚至影响着大脑获得愉悦区域的活跃性。而且由此在 1976 年的一次加利福尼亚红酒相与波尔多红酒盲测中,加利福尼亚红酒的声誉得到了极大的提高。《葡萄酒研究显示价格影响感知》,加州理工学院,2008 年 1 月 14 日。参见 http://media. caltech. edu/press_ releases/13091。

② 参见埃尔斯特《葡萄酸:理性颠覆研究》,剑桥大学出版社 1983 年版。

③ 费斯廷格、里昂·佩尔汉姆·W. 瑞肯、斯坦利·斯坎特:《当预言失败:从社会学和心理学角度研究一个预言世界毁灭的现代集团》,明尼苏达大学出版社 1959 年版。

④ 减少不和谐不仅可以通过否认事实来实现,还可以通过谴责或者维护反对观点来实现。埃尔斯特称之为"适应性偏好的形成",参见其《葡萄酸:理性颠覆研究》,剑桥大学出版社 1983 年版,第 123 页。对此观点比较流行的表达是"如果你未获得你想要的,就要想想你拥有的"。

日期：5个月后，即2011年10月21日将是"世界末日"。①

　　凭借这三种过程——选择性感知、选择性记忆和合理化，人类可被称为"认知逃离艺术家"，他们完全能够从不一致和矛盾中解脱出来，就像表演脱身术的人能从手铐、紧身衣、盒子和其他物品中逃脱一样。自我欺骗是众所周知的：因为不一致能被掩饰，相反的证据能被掩盖，用来反驳的论点也会混淆。

　　因此，与其谈论单独的"意见"，还不如谈论一种思维似乎更为适合：一系列相联系的信仰或态度可看作是逻辑上结构相关联的概念图。态度的改变不能看作只是改变一个孤立的观点——改变一个观点将对持有的其他观点，其实是对整个概念图或整个信仰系统产生影响。不是一个观点，而是全部。不止如此，既然态度或观点在逻辑上是相互关联的，那么这种地图就可被称作**逻辑格**，可用图4-1表示。在图4-1中，三种逻辑上相容的态度在各点之间被描绘成一个三角形（在每条边上用一个"＋"号表示），表示一切正常。但是如果出现如图4-2中那样，即有一种联系与其他联系不相容（在其中一边用"－"号表示），那会怎么样呢？这就应该重新考虑其他联系。在图4-3中，对一系列问题的意见被扩大到四个，且其中有一个不相容的联系。当这种情况发生时，该联系会从几个同时发生的或共存的不一致中产生认知失调。

　　为了解决不一致，人们也需要改变数个观点以便保持一致性。但比起改变逻辑思维的多种联系，忽视甚至误解这种不合适的观念可能是最省时或最不费劲的。特别是由于这种逻辑思维是认同和社交网络的重要部分，所以最容易的解决办法是漠视、遗忘、忽视甚至歪曲事实。在这种情况下，可以一针见血地说：不一致胜过真实。

　　换言之，一种逻辑思维、一幅概念图或一种心境可以用作对选择性知觉、选择性记忆、概念合理化和对事实的投机取巧的重新解释的一种过滤。确实，人们可以想象"地图的地图"，比如，不同地区关于生命的概念图将会随着时间而相互联系或相互整合——关于气候的观点与关于污染、环境政治学或政府角色有关。托马斯·库恩在其经典著作《科学革命的结构》中，

---

　　① 更新，参见《基督教邮报》，美国东部夏季时间2011年10月21日，星期五上午12：30，"哈罗德·康平10月21日的狂喜：圣经权威牧师宣称'这里没啥可报道'"，《基督教邮报》2011年10月21日 http：//www. christianpost. com/news/harold－camping－oct－21－rapture－bible－preacher－declares－noting－to－report－here－58957/。

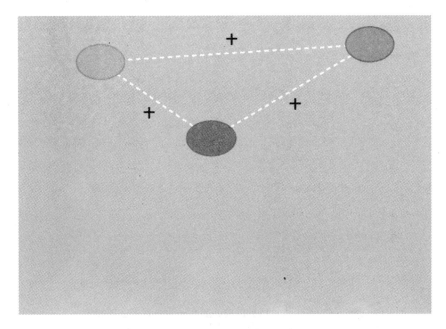

图 4 - 1　逻辑上相容的三种态度

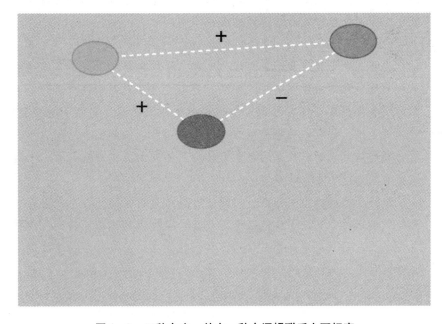

图 4 - 2　三种态度，其中一种在逻辑联系上不相容

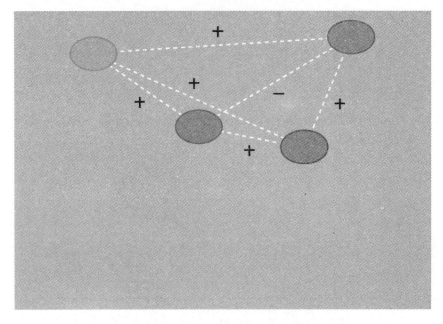

图4-3   逻辑格：四种态度，其中一种在联系上不相容

用一致性原则解释了科学中思考模式转移的一个重要原因，即异常现象的发现不能在逻辑上与这种流行的范式相连或说明：

> 发现从意识到异常现象开始，比如，认识到自然以某种方式违反了掌控常规科学的由范例引起的预期。接着它继续对异常领域进行或多或少的延展性探索。只有当范式理论被调整，不协调的变成了所期望的，它才停下来。同化一种新类型的事件需要一种理论的更多附加调整，在这种调整结束之前——直到科学家学会用不同的方式观察自然——这种新事实根本就不是科学事实……
>
> 最终什么将成为中心点——即导致科学家拒绝接受一个先前接受的理论的判断行为总是不仅仅基于那个理论与世界的比较。决定拒绝接受一种范式总是与决定接受另一种范式同时发生，且导致哪种决定的判断包括两种范式与自然的比较及这两种范式相互之间的比较。①

---

① 托马斯·库恩：《科学革命的结构》，第6章和第8章（kindle版）。

范式与观察之间，或与解释的反例中常常存在着差异。但一些差异通过特别调整而得以处理，如库恩所说，"像艺术家一样，富有创造力的科学家必须能够偶尔生活在脱节的世界中"。相抵触的逻辑思维的存在也意味着相同的事实或含糊的事实可以用相反的方式解释，并且即使面对"同样的证据"，争论也会变得更具对抗性。但一些异常现象变得如此有害，可以说，他们的解决办法成为学科的主题，而一种新的世界观或范式可被构想出来并指导研究。这条推论与本章中的论点十分相似。总之，可以说，意见和信仰认知性地被嵌入在逻辑格中，而且"态度转变"或"意见改变"不仅仅是改变不连贯的概念或倾向。逻辑联系意味着改变一个关键的意见可能对其他意见有连锁效应或多米诺骨牌效应——这就是为什么我们能谈论的不仅是一种"态度转变"而是"转变"的原因。

不同的地图有不同的效能——一种可能推翻另一种。但一些经历对人类所造成的影响是如此强大以致认知失调变得难以忍受。这是为什么大事件是前一章节的重点的原因：外面世界的事件压倒人们固有的见解和稳定的观点。

5. 有可用于解释的模型吗？

当有些事情发生并冲击你的观点甚至颠覆你的世界观时，一个非常关键的问题就是，有没有现成的模型让你理解世界的变化。存在着允许你把分散的观点重新连接起来的理念吗？

比如，当"第五福龙丸号渔船"受1954年的放射性核微尘的污染时，在日本已经有一个潜在的模型了。众所周知，广岛和长崎的原子弹轰炸带来巨大的破坏性，包括辐射对当下的破坏和潜在的破坏。因此，受放射性"污染的食物将全球放射性核微尘不可见的、抽象的风险转变成一个可见的、熟悉的物体，使得抗议深层污染的声音更显理直气壮"。[①]"污染的威胁也使得本来很保守的海上工人也采取了罕见的反核抗议行动。"[②]

此类事件的另一个阐释模式是冷战思维。美国试图通过利用与苏联的竞争以及不武装就无力应对其威胁的风险来影响公众的观点。在日本，事情的形成过程会有所不同：

---

① 参见 Toshihiro Higuchi《放射性回落物》，第49页。
② 同上书，第47页。

日本大规模地检测核回落，回收从北方飘到南方的核辐射微尘，这更加强化了日本作为冷战的无辜受害者的民族身份，日本成了生活在"死亡之谷"里面的民族。[①]

有时，先前存在的模型会导致对事件的错误理解。比如，在切尔诺贝利事故期间，挪威及其他国家的政府认为核爆炸不会立即产生什么效应。他们的模型来自核试验，放射线是分布在高空大气层中的。但是切尔诺贝利事故中的模型是不同的。它的核回落经低空云层风的传播，再加上雨水的作用，在不同的地理区域，核放射的密集度不一样。一个山谷可能遭受严重的影响，而附近的山谷却毫发无损。由于理论是错误的，最初的措施也是有缺陷的。组织科学就是组织世界观。因此，在现代社会中，理解事态发展的主要模型来自科学家。宇宙的日心说模型即是一例，还有由联合国政府间气候变化专门委员会提供的复杂模型。

还有另一个观点。即在政治学文献中，我们发现所谓的"李普曼共识"有如下三个命题：

• 公众意见是反复无常的，对事件最新态势的回应呈不规律的变化。

• 公众意见是不连贯的，没有一个一致的结构——而且常有人发现，对有些领域，公众没有固定的观点。

• 公众意见通常是无足轻重的——常被政治领袖忽视。[②]

政党的一个主要角色通常被称为"利益汇集"——将一系列事件整合进一个政治纲领。李普曼共识本身就不是孤立的观点，而是一个更宽泛的概念。如果李普曼共识是合理的，那么我们可以证明政党的关键作用是"利益整合"——一个政党是不能随意将事件混在一起的。机构追求一致性。这意味着政党和政治组织通常比普通公民有更多的既定议程——是纲领而不是五花八门的政纲条目。事实上，公民并不随意接受信仰或观点，一个主要原因是政治组织会整合观点使其与公民观点一致。支持或加入一个党派或利益组

---

① 参见 Toshihiro Higuchi《放射性回落物》，第 44 页。

② 参见沃尔特·李普曼《大众哲学论集》，小布朗图书公司 1955 年版；加布里尔·阿尔蒙德、西德尼·维巴《公民文化：在五个国家的政治态度和民主》，普林斯顿大学出版社 1963 年版；菲利普·康维斯《大众信仰系统的性质》，载戴维·阿帕特编《意识形态与不满》，自由出版社 1964 年版，第 206—261 页。

织，人们便要去适应并接受其纲领。因此，实际上人们拥有的观点，比组合观点的逻辑的可能性要少。此观点可用一个简单的方式阐明。[①] 假设有两个政治问题，每一个问题人们都可持支持或反对态度——例如，二氧化碳排放应该征税（支持或反对），用于公共交通的资金应该增加（支持或反对）。则该结果有四种可能的组合（支持/支持；支持/反对；反对/支持；反对/反对）。

如果再增加一个这样的二元议题——如对污染者征税——那将有 8 种组合。如果有 10 个议题，可支持或反对每一个议题，那将有 1024 种可能的组合。像政党、教堂或利益集团这样的组织应该做的是减少组合的数量并将它们用一致的意识形态整体连接起来。要研究人类对全球气候改变的观点和想法，就不能孤立地研究公众舆论，必须将个体汇聚起来，个体是机构意识形态发展的纽带，因为他们不仅反映而且塑造并引导公众意见。政党意识形态或多或少地结合了不同的观点，也使其更不易改变。

有一种结合特别有意思。这就是所谓的"预期反应法则"[②]：领导或机构可能预见到公众将对某一问题做出怎样的反应。德国总理安吉拉·默克尔就是一个例子，在福岛核事故后，她决定首先在 2011 年 3 月关闭德国的七座核电站，然后在未来 10 年内停止德国所有的核电站的运营。显然，公众可能的反应是不采取这些行动，这足以促成这些决定的做出。政治家和其他人在公众预计的反应之前行动，从而缓和这个预期反应。换句话说：历史也是关于没有发生的故事的历史。通常，在舆论的改变或舆论的整合和组织中一些最重要的因素不是个人而是组织。他们为解释事件提供参考框架，或多或少地比较相关的行动方案，也是公民可以用来更好地理解这个世界的模型。然而，必须指出的是，尽管组织或个体可能提出不同的关于世界的概念，但它们不是都同等有效的——一个独立的可替代的现实，实际上可能也是个错误的建构。

6.　你是一个人吗？

有一个经典的理论认为，人们可以通过自我推理改变自己的态度。也就

---

① 参见古德曼·赫内斯，《政策框架与资源》，载古德曼·赫内斯和威利·马蒂努森《民主与政治资源》（奥斯陆：NOUT，1980），第 43—47 页。

② 这个概念通常归因于德国政治理论家卡尔·约阿希姆·弗里德里希。

是说，一个人可以自己说服自己。但是，更常见的方式却是与他人对话或辩论。这样观点就会通过社会途径加以改变。人们带着一系列先入之见，试图相互说服对方，修正对方的观点和一些想法。上述改变是有理由的，比如，每个人持有的观点是不一致的，这些观点无法归入同一套更普遍的价值观范畴之下，抑或价值观的等级秩序本身也可能发生变化——例如，当对环境的威胁变得越来越明显、紧迫或不可置疑时。但由于态度和信念不是逻辑孤立体，因此人不是隐士。约翰·丹尼尔有一句名言：

> 没有人是一座独立的岛屿；每个人都只是大陆的一部分，主体的一部分。

因此，或多或少地，态度或信仰不仅仅是由较为一致的每个人内心的概念地图连接起来的——态度和信仰是人与人之间的纽带。朋友和同事比较容易有共同的观点，持有同样的信念，喜欢很多同样的事情。共同的信仰是联结人类的纽带。

因此，朋友可能支持同一个政党，属于同一个宗教，持有同样信念。然而，如果他们喜欢彼此但对一个重要问题或第三者持完全相反的意见时，他们可能陷入困境。不和会导致他们决定不去谈论使其产生分歧的事情，或者他们会因为无话可谈而相互疏离。三角关系是不平衡的。另一方面，如果他们喜欢彼此，其中一个对第三方十分厌恶，他们也可以成为战友。相应地，我们很容易得出"敌人的敌人是朋友"这样的结论。我们的观点是人们不仅会协调他们自己的观点，还会根据朋友的观点而调整自己的观点，或者让自己的观点与对手的观点相反。也就是说，人们会试着去平衡他们与其他重要人物的关系并协调他们的观点。正如古谚语所问："你是相信我还是相信你的眼睛？"内在的一致性来自社交过程，该过程同时将支持者与反对者、盟友与对手区分开来，这是一个很普遍的道理。马克斯·韦伯所讨论加尔文主义的发展是一个很好的例子：

> 问题是加尔文主义这一特定的神学建构为什么会出现，怎样出现的。这里韦伯似乎是在暗示某个认知模式，在这个模式里，内部一致性的达成在于争论。韦伯是这样写加尔文主义预定论的发展的：因为加尔文正好是对立方（与路德相对立），对于他来说，教义的重要性日益增

长，这从其跟神学对手们激烈的论战中可见一斑。他的教义在其《基督教要义》第三版的时候才得以发展完善，但其获得核心地位却是因为他死后所出现的一系列伟大的争论，直到多德雷赫特和威斯敏斯特教堂的宗教会议设法叫停为止。对于加尔文来说，跟路德一样，"天命"不是来自宗教经验，而是因为逻辑上需要这种思想；所以其重要性随着该思想在逻辑一致性上的增长而增长。（p. 102）

在韦伯的具体论证中，有一个因素改变模式，这是基于逻辑一致性或者认知一致性上的（即哪些因素能信和可信），而且他将一致性的达成与社交过程相联系，也就是智性的冲突与辩论。①

还是依据前述的一致性动机，人们是怎样因为共同的观点或相对的观点而结合或分开的，心理学家弗里茨·海德将其形式化了。他画了一个三角形，其中一条边连接着两个人，另外两边分别连接着一个物体。加号和减号被分别指定为积极态度和消极态度。如果信号的产物是积极的，那么三角形将处于平衡状态（见图4-4）。因此"敌人的敌人是朋友"也是平衡的，因为信号产物 ［（-）（-）（+） = （+）］。② 但是，如果喜欢彼此的两个人对一件事持相反的观点，那么三角形就会不平衡（见图4-5）。通过其中一人改变他的意见，或通过停止做朋友，不平衡的三角形将达到平衡。

然而，人们不是仅仅与一两个人相联系，而是在很广大的社会网络中和更多人产生联系。更为重要的是：在社会网络中每个人都对一系列问题有自己的看法。因此我们可以称意见或信仰为**双重嵌入**：一方面，不同的观点或认识随着时间变得更加连贯一致并从**认知上嵌入一个逻辑思维格中**；另一方面，概念地图被大家分享，比如，通过社交进入一个人际网络（见图4-6）。连接线上的加号和减号表明不是表中所有的联系都是一致和谐的，关键是如何解决系统中的不和谐。

在解决过程中，人们不仅仅受逻辑驱使或诉诸事实，同时也受他们想努力得到或维系的关系或者想逃离的关系的驱使。逻辑关系通过争议将变得更

---

① 参见古德曼·赫内斯《"新教伦理"的逻辑》，《理性与社会》1989 年 7 月第 1 期，第 160 页，注释 8。

② 参见弗里茨·海德《人际关系心理学》，纽约，1958。"一个令人愉快的阐述"，参见斯蒂芬·斯托加茨《敌人的敌人》，http://opinionator.blogs.nytimes.com/2010/02/14/the-enemy-of-my-enemy/。

图4-4　对一件事持相同观点的关系友善的两人之间的平衡三角形

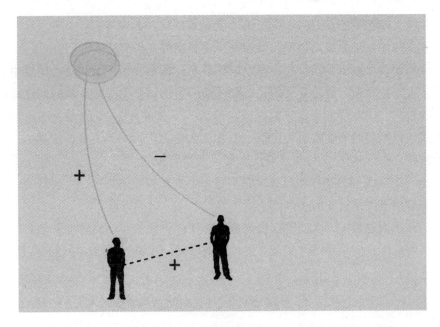

图4-5　对一件事持相反观点的关系友善的两人之间的不平衡三角形

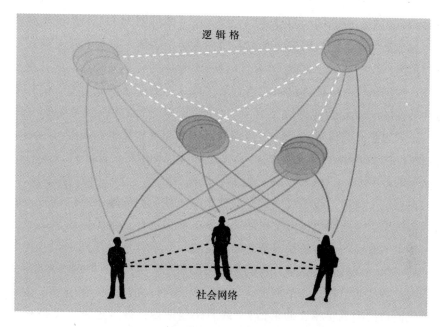

图4-6 观点在逻辑格和社会网络中的双重嵌入

加一致——例如，通过支持者与反对者论辩他们的方案。结果可能是，他们同时以意见达成一致结束并成为同一信念的拥护者，结成了同盟；或者是，他们可能分裂成竞争团体而成为敌手和对手。解释新问题的方式可能强化同情心，或者，由于讲述的方式，新问题可能增强主要敌人间的仇恨。对外在的决定不是由争论、逻辑和证据单独做出的，而是由他们如何定义社会群体的界限做出的。①

  关键是那些分享或分裂概念地图的人也可通过社交网控制彼此——问题不仅可以用来表明观点，也可用于表明忠诚。可以说，概念和信仰可以用作

① 最近对抗经济衰退的凯恩斯－希克斯模式的支持者和预算削减/节俭学派之间的争论，是一个很有意思的例证：不管证据有多矛盾，都坚持你的理论信仰。例子参见 http：//krugman. blogs. nytimes. com/2011/08/20/fancy－theorists－of－the－world－unite/？ smid＝tw－NytimesKrugman&seid＝auto#preview。类似的批评也发生在一些2012年美国大选的总统竞选人身上。例如，美国国家公共电台的库尔特·安德森写道："而佩里（以及米歇尔·巴赫曼等众多任候选人）最麻烦的事，主流政坛流行的新奇事，是人们在多大程度上相信自己的摩尼教虚构世界。他们完全相信那些生动的虚构，每个人都为自己的意见归属。佩里也有自己的政见定位，两年前在一次茶党的集会上，他扬言诸如得克萨斯之类的州要脱离联邦，但是他拿不出自己的事实。"http：//www. nytimes. com/2011/08/20/opinion/andersen－our－politics－are－sick. html？ _ r＝1&hp。

口号——用于区分不同的类型甚至人群,区分圈外圈内人士。你因为放弃信仰而退出某个团体,又因接受其观点而加入另一团体。思想的转变体现于社会的重组,反之亦然。因此我们可以说,不是你拥有某一观点,而是观点拥有你。你的认识可以使你进入或离开某一网络;然而通过成为另一团体的成员而转变的忠诚度会使你改变观点,反之亦然。观点的改变不是孤立发生的,正如思想有潮流风尚一样,社会关系也有改组和重组。确实可以用术语"友见"(copiniator)来称呼那些基于共同观点而相互交往的人(来自法语对朋友的称呼——"伙伴"和"意见"的结合)。

根据这个概括,显然可以解释为什么嵌入社交网的思维难以改变:形成一个新的思维地图或逻辑思维格需要智性的努力,让一个团体改旗易帜涉及许多思想的改造,而这是相当费劲的。这也可以解释选择性知觉和认知失调这样的现象。直白地说就是,人们相互帮助彼此去维持他们共有的误解(著名的阿希顺从试验就是一个例子,它表明人们可以在社交中被引导去接受一些与他们自己的观念相反的事情)。或者换句话说:嵌入逻辑思维格和社交网络中的观点是有弹性的——在烦恼和压力之下,它们能恢复到他们最原初的形式。

因而,将对气候变化的态度的变化作为一个网络型变化来研究就很有意思,例如,整个网络在什么程度上、在哪个节骨眼上开始改变新观点或者被新观点改变。确实,我们可以将这些变化看作网络中的涟漪效应。这将完全不同于标准的舆论调查,后者仅仅记录个体的态度和信念及其分布,却不关注这些态度与信念是如何在社会网络中传播的。一个比较恰当的例子是全球气候变化在美国总统政治中成为一个制造分化的楔子问题。不同的政治阵营的分歧不仅在于需要做什么,还在于正在发生什么事情、什么是真相、什么是科学的有效性等问题。对同一问题——如气候变化——相互冲突的观点和看法就是一个刺探对手的石蕊测试:

　　四年前在新汉普郡,约翰·麦凯恩在竞选共和国总统提名时,对投票人说:"我确实很赞同气候变化正在发生且是人类活动的结果这一科学观点,人类活动造成了温室气体。"他将全球变暖作为新汉普郡每一场重要演讲的重要内容。

　　这周在新汉普郡,得克萨斯州长和最新的总统竞选者里克·佩里说,科学家掌控着支持其"未经证明"的理论的数据,那就是人类影响了全球变暖。他说越来越多的科学家不承认这个理论。

两个完全不同的政治家说着两件截然不同的事情，然而事情远非如此简单。政治家关于全球变暖的讨论在过去四年里变化极大——甚至连科学共识都发生了一点变化。2007年麦凯恩的说法仍然是科学共识：人类活动，包括化石燃料的燃烧，将二氧化碳和其他温室气体注入大气层中并使地球变暖。

但是这个科学结论在共和党的总统竞选活动中成为争辩的焦点。比如，加入怀疑方佩恩阵营的米歇尔·巴赫曼议员周三暗示说，"被制造的科学"强化了质疑者所称的"人造气候变化神话"。

共和党提名领先者米特·罗姆尼6月份说到他接受地球正在变暖并且人类是原因之一这一科学观点，受到保守派的猛烈抨击。前任犹他州州长洪博培周四在推特上发文说："显然，我相信进化论并在全球变暖方面信任科学家的话。叫我疯子吧。"

"气候变化已经成为一个楔子问题"，科罗拉多州的大学教授小罗杰·皮尔克说，他已经写了很多关于气候的文章，"它相当于今天的焚烧国旗事件或半分娩堕胎问题"①。

---

① 参见乔尔·阿肯巴克、朱丽叶·艾尔佩林《气候变化科学成为政治热点》，《华盛顿邮报》2011年8月19日，http：//www.washingtonpost.com/national/health－science/climate－change－science－makes－for－hot－politics/2011/08/18/gIQA1eZJOJ_print.html。应该引用一下该文的其他部分，不仅对于气候变化和态度变化的实质有启发意义，还对更一般的问题（信仰在逻辑格和社会关系中的双重嵌入）有启发意义：

从历史上看，当选民在对总统候选人进行评估的时候，气候变化在选民关心的问题排列上差不多处于垫底地位。气候变化在2008年大选的初选和大选中都不构成一个因素。主要政党的提名者支持科学共识，认为政府应该减少碳排放。

但即便看上去政府可能采取大规模行动应对气候变化，政治反对意见依然加强了。奥巴马总统支持建立一个全国性的系统，各行各业必须限制他们的二氧化碳排放量并交易污染补贴。当时民主党控制的众议院在2009年6月通过了这个"帽子与贸易"系统，但该计划在参议院受阻，因为遭到共和党和主要行业的批评，称其是一个"帽子与税收"系统，将增加能源成本。战场转移到美国环境保护署，2009年12月确定温室气体对公共卫生与福利构成威胁。这个"危害发现"为在《清洁空气法》框架下调节二氧化碳污染铺平了道路。共和党议员和行业团体反对这个计划，称这是一个不利就业的征税行为，是政府越权行为的一个例子。

在这个时期内，美国人民——特别是保守派，对全球变暖科学变得不那么确信。他们中的一些人在去年的选举中曾以这个问题作为其口号，将一批新成员送进国会，他们反对人类行为与气候变化之间的关联。

科学家的失策让批评者抓到把柄。最著名的当属"气候门"电子邮件，东安格利亚大学气候研究中心的电脑被攻击，电子邮件显示气候科学家们好事又排外，但是在美国和英国展开的多重调查排除了科学研究者的不当行为，称没有证据表明他们像批评者所指控的那样企图炮制著作。（转下页）

还有两个观点值得一提。在逻辑思维格或社交网络中，并不是所有节点都同等重要或具有同等影响力—— 一些节点比其他节点更重要。

（接上页）这种令人尴尬的错误也出现在 2007 年联合国政府间气候变化委员会（目的显然在于造就科学共识）的一份报告中，比如在一份 3000 页的报告中，有一段称大规模的喜马拉雅山脉的冰川将在 2035 年消失，而事实上这并不是真的。

这些错误显示科学机构并不总是像润滑的机器一样运行，不成熟的气候科学是一种比一般学术新闻发布更富争议性的事业。但是这些错误并没有改变基本的科学假设，即全球变暖是人为造成的这一理论。

地球已经变暖是任何人都不可否认的事实——这已经为陆上、海上和空中的仪器设备测量出来了。人类的工业活动造成了全球变暖这一理论已为不少科学机构所证实，包括美国科学院、美国科学促进协会、美国全球变化研究计划、美国国家海洋和大气管理局，以及美国国家航空和宇宙航行局。

"最后，我们回到物理学，如果你燃烧化石燃料，你就制造了二氧化碳。"宾州州立大学的物理学家理查德·B. 艾伦如是说，他还是《地球：操作手册》《你可以记账：我们燃烧了多少燃料？制造了多少二氧化碳？在哪里？在这里》的作者。

论辩中也有曲折，表明在过去的一个世纪地球变暖了的数据——怀疑者经常斥之为不可信——也表明在过去十来年里，变暖的速度已经缓下来了。"变暖自 1998 年起已经变慢了。"美国国家海洋和大气局国家气候数据中心的首席科学家汤姆·皮特森说道。

最近十年依然是有史以来最热的十年——比 20 世纪 90 年代要热，而 90 年代又比 80 年代要热。而且美国国家海洋和大气管理局以及美国国家航空和宇宙航行局将 2005 年与 2010 年列为最热的年头。变暖趋势的变缓极大地鼓舞了怀疑论者。他们声称全球变暖已经过去，或者这是自然的震荡而非人类活动使然。科学家则说事实并非如此，使地球变暖的因素有很多，包括阻挡阳光的火山气雾，还有中国越来越多的燃煤电厂排放的烟尘。他们强调，随着时间的推移，温室气体效应会越来越强。

"我们今天施加给地球的温室气体效应的全面影响，在二三十年内尚不会被感觉到。"杜克大学尼古拉斯环境学院院长比尔·查米迪斯如是说，他也是国家科学院最近的一份报告《美国的气候选择》的撰稿人之一。当查米迪斯和他的同事们于 2008 年开始他们的研究时，他们认为必须赶在政府采取针对气候变化的措施之前完成研究。然而，他们看到了政治景观的变化，因为"气候门"以及其他一些争议引起了公众对气候科学的怀疑。他们推迟了报告日期，从整体上重新对待该研究。

他们的结论就是报告中的第一句话："气候变化正在发生，很有可能是由人类活动造成的，并且对人类和自然系统构成了一系列显著风险。"

也有持反对意见的科学家，但只占气候科学界的少数。美国科学院 2010 年进行的一项研究调查了 1372 位气候科学家，发现 97%—98% 的人认为是人类导致了全球变暖。

公众的分歧更大。皮尤研究中心在 2010 年 10 月发布的调查结果表明，在过去的四年中，认为地球正在变暖是"证据确凿"的受访者数量从 79% 下降到 59%。党派之间的分歧更显著：大约有 79% 的民主党人相信全球变暖，而共和党人只有 38%。

2009 年 11 月一项由《华盛顿邮报》和 ABC 新闻频道联合发布的民意调查显示，保守的共和党人是最不愿意相信全球正在变暖，只有 45% 的人说正在变暖，与前一年相比，下降了 20 个百分点。

有影响力的保守派人士已经将气候科学推至共和党政治议题的前沿。当罗姆尼支持科学共识的时候，电台大牌脱口秀主持人拉什·林鲍立即宣布："再见，提名，又一个倒下了。"

气候变化，怀疑气候风潮网站的出版商和编辑马克·马瑞诺说："对于总统竞选的试金石，纯净而简单。"

也就是说，对于逻辑思维格——即观点与信念之间的关系——来说，某种不和谐或不协调或许比其他信念更重要：对日心系统的信仰影响了许多其他的假定。对于个人社会关系网来说，有些人是有力的意见领袖：当他们改变主意时，也促使他人改变主意。显然，如果意见领袖同时也是组织机构的领导者时，他们的转变可能影响到全体成员。

7. 该事件存在争议吗？

从以上结论中可以看出，事件在多大程度上是否改变人的态度还取决于事件引起的争议。分散的事件通过挑战骄傲自满和颠覆既有观念来吸引注意力。他们在影响大批人的同时，形成了一个共同的方案，而且还带动了一批之前在思想上和行动上都不积极的人。争议迫使拥护者和反对者不仅对事件的过程做出反应，也对彼此做出反应。主要问题变得更加清晰了；风险也因事件被放大而增大了。这不仅仅局限于发生了什么，还包括发生的原因、谁将受到责怪、应该做些什么——比如，关于权利的分配。竞争激起了一致性。作为辩论的一部分，相互对立的观点表达得更清楚更连贯，辩论双方更加两极分化。争论的核心问题变得更加清晰准确。发生的事可作为具体例子证明更普遍的现象。

在这种争端中，还可能揭示和唤起不同的群体对于被影响或者将被影响的方式的关注。1954 年发生的比基尼环礁核事件中，最先受污染的第五福龙丸号渔船引发了一些冲突：关于原因、掩饰、赔偿、结果、反应的争端。食品受污染的危险——当时的食品可以说就是从比基尼环礁运输到日本的餐桌上的。这很快改变了公众对风险的认识——当地人发起了一项禁止核弹的请愿活动，人们极为关注"我们不能吃鱼，不能吃蔬菜"，全国性的危机强化了这个信息，并深深扎根于人们的生活和生命中，还延伸到政治舞台，并成为美国与日本之间的一个充满争议的问题：

> 　　1955 年 9 月，在两千多万签名的基础上，杉并区事件演变为日本议会反对原子弹和氢弹的运动。在日本，由于公民对政府的承诺失去信心，便出现了这种第一次基于大众的核裁军宣传组织。[1]

---

[1]　参见 Toshihiro higuchi《放射性回落物》，第 52 页。

换句话说：**争议在态度的双重嵌入——逻辑思维格和社交网——中都起作用**。通过同时影响多数人，人们变得更加易于适应和更加易于动员：他们可以改变他们的观点并转移他们的忠诚。

8. 政治会让事件两极化吗？

让人特别感兴趣的事情是，有争议的事情究竟能够在多大程度上进入政治层面并因此而影响公众态度。比如，有人说德国的反核情绪比法国强烈是因为这在德国政党之间是一个极具争议性的话题；而在法国上下，各政党已经对此问题达成了一致共识，同意进一步利用核能发电。事实上，通过民意调查发现，对各种气候变化或环境威胁的各不相同的态度和信仰，不仅普遍存在于各大陆之间，还存在于相邻的欧洲国家间。比如说关于核能产量是该增加还是减少的观点（见图4-7）。

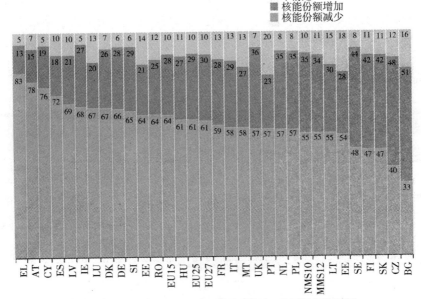

欧洲三分之一的电来自核能，有两种关于核能的处理方法，你更倾向于哪种？
调查对象：按照国别分类受访者，数据来自匈牙利盖洛普民意测验组织。
资料来源：http://ec.europa.eu/public_opinion/flash/fl_206_slides_en.pdf

图4-7　关于增加或减少核能使用的态度

在很大的程度上，这些差异可能取决于两个因素：首先，一个国家的普通政治议程（问题被政治家即意见领袖推到顶层）以及对于普通大众来说除了这些还有哪些其他问题很重要。态度不是孤立的，而是被它们所嵌入其中的政治文化制约着。尼克·碧瑾教授认为，当环境问题冲击到其他话题的重要性时，对气候变化的怀疑就会非常强烈。例如，与其他担忧诸如恐怖主义、宗教狂热、病毒或战争和饥荒相比较，半数美国人将恐怖主义当成他们最大的担忧，其次才是全球变暖。[①] 其次，政党间争议的本质和强度，比如，上文讨论过的对全体选民和选举结果来说的问题的重要性。总之，公众对气候的态度会受一个国家政治气候的影响——比如机构组织的冲突以及冲突是如何展开的。

9. 事件及其拥护者是如何随时间而变化的？

图4-6给出了一个静止的表明逻辑关系和社会关系的系统，显示的是紧张的来源和保守的势力。显然，接下来的问题就是将变化与时间的推移联系起来——比如，某些态度是否会影响彼此，观点的流传度是扩大了还是减少了，固有信念是否有变化，相关领域里的信念与个人或者人与人之间的整合是增加了还是减少了。这都涉及社会动力学的问题。

我们如何描述态度随着时间发生的变化，比如，最简单的情况是，什么时候两种态度会彼此相互影响？比如，可以假设你关于全球是否正在变暖的观点，与你对该变化是否是人为的观点是相关的。我们也可以预想两种一致的观点：

观点一：全球变暖正在发生并且是由人类的活动造成的；

观点二：气候是稳定的，偏离正常水平只是自然变化的表达。

如何对此进行描述，请见图4-8的说明。[②]

在过去几十年中，公众关于气候问题的观点有相当大的转变——事实上在许多国家公众对气候变化的担忧已经减弱。在图4-9a—4-9d中，从1989年至2009年，挪威人的态度以每两年为一次间隔被标注出来。从这些表中可以看出，认为污染和环境问题严重的总体百分率已下降，尽管自2005年以来有些增长。[③]

---

① 参见《民调显示，欧洲比美国更担心气候》，《国际先驱论坛报》，http：//www. nytimes. com/2007/01/04/health/04iht0poll. 4102536. html。

② 关于此类分析的逻辑，参见詹姆斯·S. 科尔曼《数学社会学概论》，格兰克：自由出版社1964年版。

③ 我非常感谢民意调查组织 Synnavate 的奥塔·海里维克为我提供这些数据。

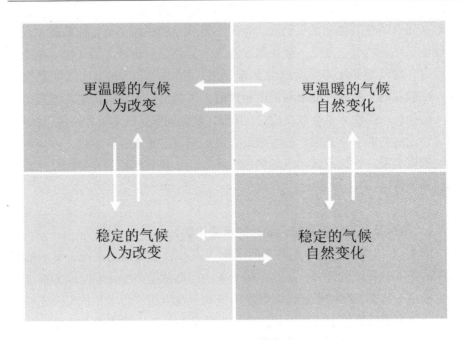

图4-8 随着时间变化而变化的相互作用或态度

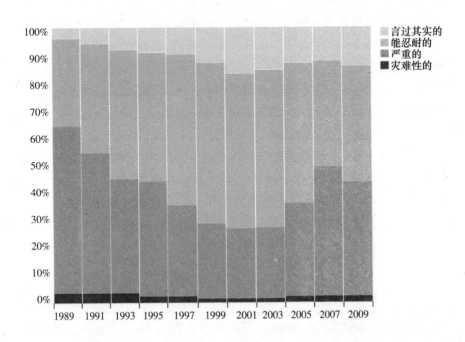

图4-9a 这里有4个关于污染和环境问题的观点,哪一个更接近你自己的观点?

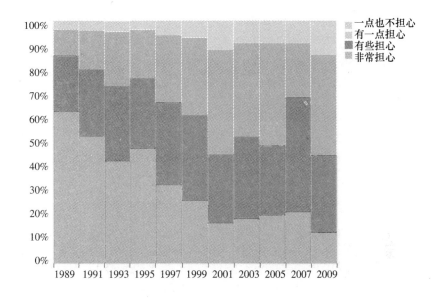

图4-9b 你有多担心臭氧层的消失?

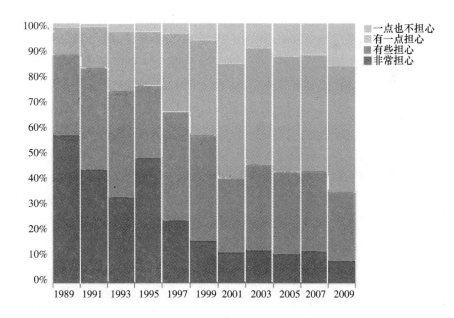

图4-9c 你有多担心酸雨?

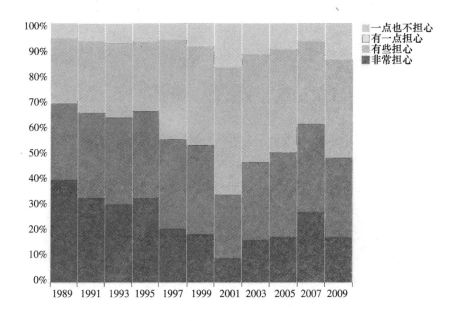

图 4 - 9d　你有多担心温室效应和气候变化?

人们对臭氧层的消耗和酸雨的关注下降得非常明显,但下降得更明显的要属对气候变化和温室效应的关注。总之,人们对不同的具体气候问题会产生不同的观点。**为什么**会有这些变化?部分的改变可能是因为引进了有效的措施,比如减少对臭氧层有消极影响的氟利昂气体。但也可能受到另外三种①情况的影响。

第一种是这样的,即如果重要的态度变化是由事件驱动的,那么它的重要性可能随着时间而减弱。这或许要归因于三个不同的过程。随着对公众观点有强烈影响的灾难日益遥远,它在公众头脑中占据的位置开始变得不那么重要。这可见于对饥饿或者核反应堆的使用的担忧中。一个问题可以在人们的意识中变弱,并逐渐淡出公众的焦虑。2011 年福岛核灾难和东非饥荒都表明,需要激发对新的类似事件的理解和关注。

第二,那些经历过一场灾难的人去世了。比如,二十多年时间里成千上万的挪威人死去——也就是说,他们无法成为调查样本。对那些经历过一场

① 原文为两种,译者依文义改。

突发事件或一场怪事的人来说，其效应可能随着时间的推移而减弱，比如那些仍然记得广岛事件的人。

第三个过程是关于上面提到的群体效应。代群的定义是"在同一时间间隔内经历同一事件的一群个体（在人口定义的框架内）"[1]。也就是说，*同一事件对不同年龄群体可能有不同的影响*——一场战争对成人的影响比对儿童的影响更大。因此，某事件的缺乏也能塑造年龄相仿的一群人。一些特定的环境影响，比如对臭氧层的破坏，对那些在 20 世纪 70 年代中期接触过该讨论的人来说就可能特别重要。军备竞赛或核试验余波的危险，对当时亲历其中的年轻人来说，就可能特别令人担忧。近年来，年轻人可能很少听说这些话题，因此对他们来说还不成其为一个十分显著的问题。这也意味着*新的代群必须制造他们自己的经历*——上一代人的经验和知识对于下一代人来说是没有直接关系的，是不能自动传承的。那就是为什么机构和组织记忆是如此重要的原因。

代群效应也可以以相反的方式起作用——比如：老一代护卫者去世，新人成为主体。托马斯·库恩在《科学革命的结构》中有如下引言："马克斯·普朗克在他的*科学自传*中审视自己的事业时悲哀地说道：'新的科学真理不是通过说服对手理解自己而获胜，而是因为对手最后都死了，成长起来的新一代比较熟悉它而已。'"[2]

但是一个新的戏剧性事件能重新唤起并强化以前的经历和结论——也就是说，它是作为一个重复教训出现的。以关于全球变暖的投射图为例，尽管不同机构的投射图不同，但是总体上向上的趋势是一样的。据此，我们可以推断，*态度变化不是常规趋势的一个镜像反映*。恰恰相反，我们可以预期，*态度在一件事之后会突然产生剧烈的改变*，但是将像温度曲线那样回落，然后通过新事件重新获得能量。换句话说，即使全球变暖增长缓慢，它也可能引发剧烈的天气事件（比如 2011 年得克萨斯旱灾和美国龙卷风），震惊公众意识和舆论。预期的结果看上去像叠加在图 4－10 中温度轨迹上的锯齿状曲线。可以说，其将具有齿轮效应：比如，观点被事件急拉向上，并且如果有一些退步的话，也不会完全回降到起点。

---

[1] 参看诺曼·B. 瑞德《作为社会变革研究概念的群代》，《美国社会学评论》1965 年 10 月 30 日，第 843—861 页。
[2] 托马斯·库恩，引自第七章。

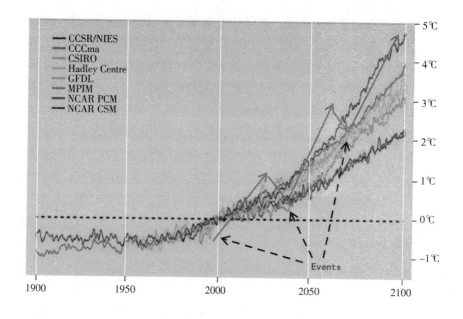

图4-10 全球变暖预测和由事件引起的观点变化

资料来源：www. globalwarmingmingart. com/images/a/aa/Global _ Warming _ Predictions. png。

10. 谁与该事件有利益关系?

美国作家厄普顿·辛克莱有一句名言："当一个人因为不明白某件事而赚到薪水，要让他明白这件事是很困难的。"有这样一个屡被提及的观点，那就是因环境或气候政策而遭受经济损失的参与者，在挑战科学意识时是十分活跃的，其会就气候变化的人为属性，以及通过强调，如新的条例和制约的经济成本等干预性措施的消极影响来提出质疑。

两名美国科学历史学家内奥米·奥里斯克斯和埃瑞克·M. 康维撰写了《贩卖怀疑的商人》一书，对此问题进行了论述。他们向读者展现了全球气候变化辩论以及早些时候关于臭氧层消耗、吸烟和酸雨的争论所运用的策略之间的相似性。他们声称，对于那些有直接利益关系的人和企图通过政治干预改进或扭转事态发展的人来说，质疑并制造混淆已经成为他们必不可少的策略之一。奥里斯克斯和康维研究了关于气候变化辩论和早期关于吸烟、酸雨和臭氧层洞的争议之间的相似性。他们写道，在每一个反对行为中，最基本的策略就是传播怀疑和困惑。他们还认为，掩盖事情的真相已经是气候变化怀疑论者必然会采用的策略。[①]

持相似观点的还有另一位作者，即撰写《共和党绞杀科学的战争》的克里斯·穆尼。[②] 他认为，一群怀疑论科学家、学者和右翼智囊团结成联盟，试图用意识形态论调替代科学论述——比如，大肆煽动对不具科学争议性的东西的怀疑。还有一些书也引起了争议，比如环境律师和小罗伯特·F. 肯尼迪的最新专著《侵犯大自然的罪行：乔治·W. 布什集团怎样掠夺这个国家、劫持我们的民主》[③]，以及阿尔·戈尔的《袭击理性》。[④]

以上的争论表明，态度不是独立于而是受制于它们所嵌入其中的政治文化的。显然这也同样适用于商业文化以及用来保护和促进集团利益的措施。[⑤] 对气候变化和态度变化的研究必须涉及这个话题。

第六节　"热"话题—"冷"安慰

本章得出了两个主要论点。

第一，被纳入"生态变革"的标语之下，关于地球及其地位、现状和困境的观点的巨大改变主要是"二战"以后发生的事件促成的。态度改变是受事件驱动的。随着时间的推移，这些相互独立的事件，受其他类似事件的强化，慢慢汇集成一个更大的关于地球未来何去何从的观点。[⑥] 这实际上是一场堪比"哥白尼革命"的世界观的变革，显然，这场"生态革命"还未结束：人们还没有吸取所有的教训，也没有就已有的教训进行教育。

第二，这场观点的大范围的改变为社会科学提供了挑战和机遇。本书最

---

① 例证参见《美国石油企业为气候怀疑团体捐款数百万，绿色和平组织说》，http：//www. guardian. co. uk/enviromente/2010/mar/30/us – oil – donated – millions – climate – sceptics。

② 克里斯·穆尼：《共和党绞杀科学的战争》，布鲁姆斯伯里出版社 2010 年版。

③ 小罗伯特·F. 肯尼迪：《侵犯大自然的罪行：乔治·W. 布什集团如何掠夺这个国家、劫持我们的民主》，哈伯考林斯出版社 2004 年版。

④ 阿尔·戈尔：《袭击理性》，企鹅出版集团 2007 年版。

⑤ 关于有用的概述，参见 http：//en. wikipedia. oag/wiki/Global_ warming_ controversy。

⑥ 最近的一个相关报告来自日本，"原子弹爆炸幸存者加入核反对阵营"。"人数正在减少的老一辈原子弹爆炸幸存者对核技术灾难性的后果深感震惊，听说政府和能源产业在最近的城镇会议中安插了核技术支持者后，更是深感愤怒，第一次走上街头，开始抗议核能。

当前正是美国'二战'中原子弹轰炸广岛和长崎 66 周年之际，幸存者们希望他们可以利用独特的道德立场，即作为唯一的原子弹轰炸的受害者，让日本和世界不再重蹈人类企图利用原子却导致悲剧的覆辙。"http：//www. nytimes. com/2011/08/07/world/asia/07hiroshima. html。

后一章中列出了一系列供研究的话题。本节中的一个关键主题比较理论化。简而言之，我们的观点是，态度同时嵌入逻辑思维格和社会网之中。分而言之，每种嵌入都倾向于维持并保存某种既定的结构，这是一个由观点构成的结构——构成更大的观点和一系列人际关系，形成一个社交网络。但是，他们又不能截然分开，因为他们实际上是同时形成并稳固下来的——你的思维不仅对你的个性至关重要，而且界定了你和其他人的关系，不管他们的思维与你是否一样。这种双重的逻辑思维格和社交网络嵌入导致相互强化、持续性和稳定性。观点集结而来，朋友成群而来——二者同时到来：一个属于认知和逻辑层面，另一个属于情绪层面。接下来的问题就是，其中的变化是如何发生的。

　　本章中得出的结论是大范围的态度变化可由事件驱动。简单地说，原因是戏剧性事件可能在引起注意的同时冲击信仰以及社会关系。环境的力量——由事件引发的态度变化——是十分有力的，因为上述两种结构将同时受到影响：一个在概念层面上，即逻辑思维格；另一个在人类关系层面上，即社交网络。如果意见是双重嵌入的，那么两个层面将同时受到戏剧性事件的干扰。逻辑思维格中的事件可能产生断联，社会网络中的事件可能导致联系的中断。当两种类型的各自成分间的不同联系被分开时，它们能被重新配置。[①] 打个比方说，独立的想法和个人就像一股过冷的液体，其核心能够结晶成一个新的逻辑格。

　　我们甚至可以探讨一下第三个层面上的源自事件影响的嵌入，因为信仰和态度在法律（如有关生物多样性的国际公约）系统中被体制化，嵌入行政管理（如环境部）体制中，或进入政党或利益集团（如世界野生动物保护基金会）的框架中。态度的改变不仅是个人改变他们的观点的问题，它也是一个组织性的反应、意识形态转变的问题。其在更大范围内的叙述必须重写。

　　当外部世界中的事件在感知和心理上都变得势不可挡——太深刻太有说服力而不能被否认和忽视时——信仰将改变，关系将重建，主要原因不在于论点的说服力，而在于环境的影响力。

---

　　① 一些关于群体心理和集体行为的经典理论指出，个人在身处群体（或贬义的"暴民"）中时可能会有不同的行为，群体的规模和匿名性可以消解机构的调节作用，使个体脱离既成的网络，在其他旁观者的感染下自发动摇立场。分析群体行为的经典是古斯塔夫·勒庞的《乌合之众：大众心理研究》（1986 年）。关于现代富有想象力的群体行为分析，参见约翰·斯皮格尔《防暴过程的本质》，《精神病学观点》1968 年 6 月，第 6—9 页。

　　全球变暖和气候变化已经成为一个热点问题。然而事实是，地球上的各种威胁，甚至其中的重大事件，并没有对公众的心态产生更大的影响，这是值得深思并让人稍感安慰的。事实上，这是"冷"安慰。已发生的事件和灾难是严重的——但是可能还不够严重。

　　2011 年 8 月，挪威斯坦格，人们在挖掘机斗的帮助下撤离了这间小屋。同时，公路和铁路都关闭。简·埃里克·黑格路德摄，斯堪匹克斯图片社供图

第五章　可供研究的议题

环境变化会造成许多全球性、长期性的严重后果，而不可否认的是，其中大多数后果都是人为的。社会科学和人文科学的研究工作必须进行强有力的重组以应对这些挑战。

其中有两类问题需要应对。第一，环境和气候的改变是如何影响公众的态度和信仰的？它们又是如何转变成政治响应的？第二，显著的环境变化将为社会科学和人文科学的观念发展和理论创新提供哪些新的机会？因此，这些机会和挑战不仅仅属于实际的环境问题，还属于全面的理论发展问题。第一个挑战是关于社会科学对环境讨论的贡献；第二个挑战是从广义上来说，环境问题是如何影响社会研究本身的。

下面列出了一些议题。这么做的目的是激发学者们的想象力，而不是提供一个完整的清单。

• 前一部分的论点是：观点和态度的变化在很大程度是由事件驱动的。[1] 很明显，已经提到的七个系列事件并不是清单的全部，而且之前提出的进程也需要进一步被实证研究。在所有的问题中，可能会被问到的问题有以下几个：

第一，有什么特殊的子进程参与其中？我们所谓的存在于个人思维中的"逻辑思维格"是如何变得混乱和被重置的？

第二，影响特定链接的单一论点有什么作用？某个特定观点的修正会对其他观点产生影响，而这种影响会使紧密连接的逻辑格更具有抵抗性吗？或是更倾向于被彻底倾覆？

---

[1] 可以认为政治学中与此类似的是 V. O. 凯伊的"关键选举"概念。"关键选举"会使选举团中先期存在的分歧产生重大变化，形成新而持久的选举人群体。参见 V. O. 凯伊《重大选举理论》，《政治杂志》1995 年第 17 期，第 3—18 页。

第三,有句老话叫作"眼见为实",有时可以用来描述说服某人改变原有的态度。在寻找支撑证据时,逻辑格起什么作用,如"确认偏误"(confirmation bias)?或者换句话说,这种心理过程更恰当的表达是"相信即是眼见"吗?

第四,在同一时间——比如,当大多数人处于概念赤字的情况时,也就是说已经发生或将要发生的事件不足以通过常见的概念或解释来阐释时,心理震撼对于群体起什么作用?

第五,既然人属于不同的社会网络,那么哪些人最容易受到影响而改变?是那些与社会最紧密结合的人还是最孤立于社会的人?① 谁最容易被灾难、"里程碑时刻"或是持续性事件所动摇?

第六,意见领袖的作用是什么?那些同时属于多个不同社会网络的底层人物的作用又是什么?何为"弱连接的优势"?② 概而言之,之前章节所称的"双重嵌入"(态度同时存在于逻辑思维格和社会网络之中)有什么作用?二者在受到事件的影响时会同时发生戏剧性的变化,这将打破认知和关系、个人信仰和社会联系。同一双重嵌入是如何对改变或改造信仰的一系列行为更有抵抗性?

- 逻辑格是如何随着时间的推移合并成广泛的世界观的?例如,对全球变暖的态度是如何与对核能源的态度相融合的?③ 这种结合的过程是如何发生的?在不同的政治团体中,广泛的意见都是通过相同的方法组织起来的吗?

- 事件如何不仅塑造个人态度,并且刺激整个运动,促成组织建立?**真实案例包括从"完整地球目录"到"废除核武器运动"的诸多实例。**

- 观点的转变主要是个体的转变而不是群体的转化吗?研究对环境的态度的改变时,最好是将其作为正常社会条件下个体的变化,而当社会成员同

---

① 社会学长期有一个关于观点和创新在不同网络中扩散的争论,由詹姆斯·S. 科勒曼、艾利胡·卡兹和赫伯特·孟泽尔发起。《医学创新:扩散研究》,Bobbs – Merill,1966 年。

② 格兰诺维特、马克·S.:《弱连接优势理论》,《美国社会学杂志》1973 年第 78 期,第 1360—1380 页。

③ 典型的例子是一篇 8 月 6 日(第一颗原子弹投放广岛的日子)发表在《纽约时报》上题为"原子弹幸存者加入反核行动"的文章。该文报道了关于幸存者的以下内容:人数越来越少的原子弹幸存者震惊于核技术的灾难性失败,更对披露的政府及电力工业在最近的市政会议上安插原子能支持者表示愤怒,他们开始第一次站出来反对核能。http://www.nytimes.com/2011/08/07/world/asia/07hiroshima.html。

时受到同一戏剧性事件的影响时才视其为整体网络的变化吗？整个群体到何种程度、在哪个切入点开始被改变，而且是被要求重新阐释改变的经历？如果研究网络中诸如涟漪反应的改变，需要运用完全不同于标准的舆论调查的方法，后者仅仅记录个体的态度和信仰以及分布如何，而不是研究如何通过社交网络传播的。

● 显然，接下来的问题就是将改变与时间的推移联系起来，换句话说就是这些态度是否影响了彼此？观点的传播是更广泛还是更局限？信仰的强度是否有改变？在个体内部和个体之间，相关领域的信仰是更完整还是更分散？这些都是社会动力学的问题。

● 一种社交网络的改变会引起另一种社交网络的对立吗？比如一些人认为气候变化是有威胁的，那么这会产生"气候怀疑论"吗？对一个群体的动员会导致极端化吗？

● 什么是随着时间推移的态度衰退？换句话说，就是对事件的关注或对所坚持的观点的强度有所减弱。诸如三里岛、切尔诺贝利和福岛这样重复发生的事件，必定会长期维持态度的稳定吗？了解这样的事件有什么作用？比如，怎样让核技术更加安全？

● 政治领导人为改变公众态度扮演了什么样的角色？政治精英和大众在通常意义的关系上是否扮演着某种角色？事件的"政治化"必然会让那些一开始并不抱有强烈观点的人清醒吗？

● 政策制定者制定决策时所依据的信息的科学来源是什么？显然，其中一个重要的来源就是由各大学所做的实验报告，另外就是由众多国际机构所提供的数据以及综合报告。然而，有些人，比如埃里克·J. 巴伦，认为某些国家"缺乏一个深思熟虑的方法去创造'环境智能'，用以做出恰当的决策。所以，寻求一个独立、可靠又具有权威性的气候信息来源去帮助决策者们，是非常重要的"。我们所需要的，是在收集数据和预测模型上的更大的投入，尤其着重"在区域、地方层面上人类决策与环境压力之间的交叉点"的数据和模型。[1] 但是，还有一些争论倾向于更分散的系统以确保各方的意见都能被听到。能否采取比较研究来评估不同形式组织的相关价值呢？

● 如果事件使得人们的态度和观点有所改变，那么新的事件又将如何用来启迪民众？虽然，日本福岛核辐射事件是一个实实在在的真相，与此同时

---

[1]　埃里克·J. 巴伦：《超越气候科学》，《科学》2009 年第 326 期，第 643 页。

它也是一个政治契机和教育机会。那么,谁抓住了这个契机?使用了什么样的策略?又会导致什么样的结果?

　　●不同国家的一般性政治议程如何影响公众看法的形成?在怎样的情况下,新的环境政策将成为广泛的国家共识?又在什么情况下,新的环境政策会成为各政党间的楔子问题?在此进程当中,利益集团和团体成员又扮演着怎样的角色?

　　●在选择(对事实的纳人、省略、排除、构造)上,媒体能塑造公众观察事件的方式。在信息过滤、筛选、汇总的过程中,媒体扮演着怎样的角色?事实上,有多少环境问题被掩盖了?新闻媒体如何影响人们对环境问题的认知、关注及反应?是什么样的新闻规范和政治规范控制着这些选择?是力主争论的准则还是所谓的"伪平衡"准则?[1] 应该如何检验并解释问题?例如,全球变暖与极端天气之间有着怎样的联系?有哪些问题已经解决又有哪些问题悬而未决?不同机构的可信度以及合法性是怎样的?是否媒体的所有制结构会影响事件的披露?是否由于一些特殊集团是财政收入的源头,所以他们就拥有不相称的影响力?在怎样的情况下,他们能让持反对意见的团体失信?[2] 媒体的集权所有制对其内容有什么影响?公关公司、智囊团和新

----

① 关于讨论,参见马克斯维尔·T. 波依科夫、朱利斯·M. 波依科夫《气候变化及新闻规范:美国大众传媒报道的案例分析》,《地球论坛》(2007),http://www. eci. ox. ac. uk/publications/down-loads/boykoff07 - geoforum. pdf。出现了一个关于媒体是否被"伪平衡"准则所支配的争论,例如关于气候问题的反对意见实际上并不平衡,但是媒体却将其表现得很平衡,比如给予非代表性的意见"同等的时间",或者采访气候怀疑论者,引发争论及对这个问题的兴趣。典型的例子就是高度关注博乔恩·伦伯格的著作:《持怀疑的环保主义者》(剑桥大学出版社 2001 年版)、《全球危机,全球解决方案,哥本哈根共识》(剑桥大学出版社 2004 年版)、《冷却:持怀疑环保主义者的全球变暖指南》(克诺夫出版集团 2007 年版)。关于批评及讨论,参见米歇尔·斯瓦博达《对乔恩·伦伯格〈冷却……〉和媒体在气候冲突主义中的"共谋"之评论》,耶鲁气候变化及媒体论坛,2011 年 5 月 12 日。http://www. yaleclimatemediaforum. org/2011/05/a - critical - review - of - bjorn - lomborgs - cool - it/。另参见帕尔·普莱斯特劳德 "Tvilsom klimadebat",《晚邮报》(Kronikk) 2011 年 9 月 20 日。关于另外一个研究,见 凯瑟琳·贝里奥斯·杜瓦迪, En ubehagelig sannhet om norsk klimadekning. Hvilke stemmer og holdniger blir representert inorsk pressedekning om klimáendringer (贝尔根大学媒体分析硕士论文,2010 年)。

② 例子是"气候门",该术语用于指称在东英格利亚大学的气候研究中心 (CRU) 捏造全球变暖数据的科学造假事件引发的争论。全球变暖否认主义立即抓住了这个报道,声称大多数支持全球变暖的数据都是伪造的。截止到 2011 年,英国政府和数个独立伦理委员会的五份独立调查已经完成。没有一份调查证明存在数据造假和人为操纵。气候研究中心的数据也是独立复制的。参见 http://rationalwiki. org/wiki/climategate。另参见帕尔·普莱斯特劳德 "Tvilsom klimadenbatt",《晚邮报》(kronikk) 2011 年 9 月 20 日。

式的内容提供商（有时美其名曰：独立新闻制作人）有着怎样的影响力？新型社会媒体与传统大众传媒（例如报纸、广播及电视）相比较是否有着不同的作用？

- 体制化（如制定新的法规、建立新的环境部门）、观点改变和政治动员有什么作用？跨国学习又起着怎样的作用？

- 宪法中的相关规定如何影响环境问题的定义、处理和结果？这个简单的问题又能引发许许多多的其他的问题来。如所谓的民主"计数通道"（指普通老百姓投票选举）与"集团通道"（指各种类型的机构组织，如法人公司和利益集团）之间的平衡会有怎样的政治影响？政治社会学家斯坦恩·洛坎有句名言：资源决定票数。[①] 这句话是如何体现在气候问题上的？

- 另外一个宪法方面的问题是如何制定机构管理制度来解决所谓的"搭便车问题"，这一问题经常出现在环境政策里。例如，在采取措施减少污染的过程中，好处不能局限于那些出资干预的参与者，所以如果有其他集团承担花费，脱离集体的行动就很可能发生了。在缺乏共同宪法的情况下，合作将如何进行并实施？落后者们又能否改变速度？

- 此环境问题也可以这样阐述：当环境和气候变化影响的范围与机构管辖之间缺乏一致性时，会有什么影响？怎么做能减轻这两者间的不协调的问题？例如，想要控制商船含硫燃料的使用是很难的，因为很多运输都需要在国际水域中进行，然而在国际水域中存在着规则的不完善以及监管乏力的情况。确实，会有人认为说民族国家体系是区域甚至全球环境污染与国家政府宪政范围二者间不匹配的最好例证。如，二氧化碳被排放到了邻国，然而被污染的邻国在环境问题的决议上并没有话语权，因为这些权利掌握在污染物排放国手上。

- 然而，另外一个宪政问题涉及集体行为的力量与集体预防行为的力量。[②] 例如，只要减少环境污染的法律没有发挥作用，导致污染的产生就理所当然地出现了，而那些污染企业或许拥有足够的能力来游说反对此治污法律。如何解释这样的宪政问题，制度设计中的规范理论不对称也是一个显而易见的问题。

---

① 参见斯坦因·罗坎《挪威：数字民主与团体多元主义》，载罗伯特·A. 达赫尔编《西方民主国家的政治对立》，耶鲁大学出版社 1966 年版，第 70—115 页，引文第 106 页。

② 关于这种差异，参见科勒曼·J. S.《集团控制与集体行动的力量》，载 B. 列博曼编《社会选择》，戈登与布里奇 1971 年版，第 269—298 页。

●在过去的几十年，环境立法被许多国家引入，也有很多国家加入了国际公约。在此过程中，更加详尽的情况是什么？跨国学习已经达到了何种程度？谁是发起者？谁是效仿者？他们又都出于何种目的？哪些法规最成功，其成功的原因是什么？环境污染与排放的法规是否不如联合国中的海洋法那般成功？许多联合国机构以及区域性机构（如欧盟）等国际机构组织在政策建立、协议签订、签署公约当中扮演着怎样的角色？到目前为止，已经召开了大量的关于环境保护的会议，如，1992 年在巴西里约热内卢举行的地球峰会。同时，许多国际组织有着它们自己的项目，如，教科文组织致力于水资源的项目，世界气象组织关注气候变化，等等。另外，许多国际公约已被批准认可，其范围之广，从 1985 年《联合国粮食及农业组织关于农药的分配与使用的国际行为准则》到《联合国防治沙漠化公约》。在这些协定下，哪些组织、行业和国家已经成为推动力量？[①] 在哪些方面出现了反对的声音，其原因是什么？当有了跨部门的学习，哪种程度的事件对议程会产生影响？间歇性的动议涌现和井喷是否已经先后发生？与环境相关的协议和制度的发展是否是个渐变的线性过程？

●如同其他的自然灾害，气候变化带来的危害是如何分布的呢？在协助制定政策方面，社会科学扮演着关键角色。那就是，绘制薄弱点，明确能减轻灾害影响的措施，提供加强稳定性和恢复性的制度设计。尤其是，他们能提出并解决以下问题：

第一，有多少地区处在疾病、食物短缺、水资源短缺、海水泛滥、极端天气之类灾害的威胁之下？

第二，自然灾害的地理分布如何？即人们的居住地处在何种具体危害（如地震）之下？在何种人造基础设施内？处于何种社会环境下？

第三，哪些地区最易受到洪水、滑坡、热浪、疾病、气温上升等的影响？

第四，哪类人群更易受到大多数不利的影响，他们又如何应对？

第五，哪些社会进程会加剧危险和脆弱性，具体来讲，监管者与被监管者之间的"共谋文化"是在什么样的情况下发展起来的？

第六，能做哪些准备以减轻灾害的影响？基础设施和机构的哪些变化能

---

① 国际环境协议清单，参见 http://en.wikipedia.org/wiki/List_of_international_encironmental_agreements。

降低风险，加强应对能力？

因此，社会科学必须为不同社会群体绘制出薄弱点分布，并对社会结构进行调整。换句话说，他们必须明确各类灾害发生的原因，评估选择和社会反响的社会决定因素及有效对策；并明确这些灾害被相关人员重视时，可能出现的后果。

● 同人文科学一道，他们必须明确并且同道德原则相联系，因为这样能促进、调整政策选择，使其更加清晰。哪些道德原则能适用于气候讨论和谈判当中用以保护环境呢？有"污染者付费原则""预防原则""代际公平原则"①"按能力分担负担""可持续发展原则"，其他原则包括"尊重所有生命，无论有无利用价值""尊重生物多样性""保护生物圈持久性""以全球生态系统的眼光看地球""享受和保护安全完整的环境是每个人的权利和责任"。环境伦理②已经成为哲学的一个重要分支——确实，"生态智慧"（Ecosophy）一词早就由阿尼·纳斯在 20 世纪 70 年代提出了。③ 仍然有许多基础性工作需要做，尤其是如何建立解释论证系统。同时，可以进行有趣的实证研究，分析哪些原则能同时运用在国内外关于环境的决策和谈判中。④ 显然，不同的政党会有不同的原则，经济利益和政治利益在协调这些原则中所扮演的角色，以及"有原则的机会主义"的范围也是研究的一个主题。

● 诺贝尔奖得主埃莉诺·奥斯特罗姆曾总结以"设计原则"来管理常见生态系统以避免其崩溃并保持长期的可持续性。她并不主张"一刀切"，但是，各种具体制度体现出来的关键原则是：⑤

● 明确定义的界限（有效排除外部非授权党派）。

---

① 一个有趣的例子是最近发生在美国的一起诉讼案：周三，要求联邦政府严厉限制温室气体排放的倡议认为重要机构在保护地球大气方面失职，公众认为为了后代，地球大气应该受到保护。原告是一些关注气候变化的团体联合起来组成的"我们孩子的信托"，认为类似的案件应该在全国各州都应该记录在案。参见 http://www.nytimes.com/2011/05/05/science/earth/05climate.html? scp = 1&sq = Suit% 20accuses% 20U. S. % 20Government% 200f% 20failing% 20to% 20protect% 20earth&st = cse。

② 参见 http://en.wikipedia.org/wiki/Environmental_ethics。

③ 阿尼·纳斯："φkologi, samfunn og livssstil：utkast til en φkosofi"（奥斯陆：Universitetsforlaget，1974），第 158 页。

④ 关于说明，参见"气候正义等高线：关于塑造气候及能源政策的创意"特刊，《批评潮流》2009 年第 6 期（乌普萨拉：达格哈马舍尔德基金会）。

⑤ 埃莉诺·奥斯特罗姆：《支配公有物：集体行为习俗的演变》，剑桥大学出版社 1990 年版。另见 http://en.wikipedia.org/wiki/Elinor_Ostrom。

- 关于公共资源的使用和供给的规则应与当地情况相适应。
- 集体选择中允许资源的大多数占有者参与到决策制定过程中。
- 监管者的监管要有效，监管者来自资源占有者或者要对占有者负责。
- 对违反社会规则的资源占有者制定分等级的处罚。
- 冲突的解决途径费用低而且易于实行。
- 团体的自主决定需要被更高权力机构认同。
- 在较大的公共资源方面：采用多层级分权制企业模式的组织，在基础阶段拥有小规模的当地公共资源。

到何种程度这些原则能被归于更普遍的政治伦理中？在怎样的情况下，它们才能被反映在国家公共资源管理的惯例和协议中？

- 在制度设计中，社会科学扮演着怎样的角色？例如"交易制度"率先设置了一个最大排放限制——或许指定一个方案降低限制。每一个潜在的参与者被允许排放总量的小部分（如基于目前的排放量），然后参与者制定自己的策略，包括被允许的销售量和购买量。这个观点使得这种交易能最大限度地减少排放量。重点不是评估这个计划的价值（或者措施的问题），而是这个特别的类似市场的制度已经被社会学家设计制定，好坏参半。① 社会科学家还能帮助构建哪些其他形式的制度呢？

一个更普遍的视角必须被归入前面的列表，即对整合研究的需要。② 该类研究不但调动了自然科学和人文科学，而且在联合项目中通过设计、执行、应用和展示将自然科学和社会科学联合起来。它能向决策者们展示，专门研究他们面临的复杂情况的联合研究的结果和建议，是如何给他们以启示，帮助其做出紧急决策的。系统整体大于各部分机械相加。不仅如此，学者们也能学习如何更好地在一起工作。

整合研究的必要性在本书第一部分描述的各类事件（如由气候变化引发的诸如海啸、地震、飓风、热浪、洪水、瘟疫等的影响）中凸显出来，但是人为造成的灾难（如核事故、农药的长期影响、温室气体排放或者饥荒）也

---

① 参见《碳贸易：它是如何运作又是为何失败》，《批评潮流》2009 年第 79 期（达格·哈马舍尔德基金会）。

② 以下段落基于并部分取材于赫内斯：《一个星球—两种文化》，《公共服务评估：欧洲科学技术》2009 年第 2 期，http://www.publicservice.co.uk/article.asp? publication = Science% 20and% 20Technology&id = 375&content _ name = Research% 20and% 20investment% 20overview&article = 11381。"两种文化"引用了 C. P. 斯诺的著名文章《两种文化与科学革命》，"瑞德讲座 1959"，剑桥大学出版社。

凸显了这种研究的必要性。

人类对自然的干预的影响要大于自然力量对人类社会中的影响——人类对自然力量的运用不但产生了预期效果，也产生了预想不到的后果——因此必须将自然和社会现象一并加以探讨。人类和自然系统的结合越来越紧密——实际上变成了一个系统——没有谁仍能处在两种文化当中。

随着人类活动对全球环境影响的增加，社会科学的重要性也随之提高，尤其是在气候变化方面。社会科学促进了构建决策的方式。各个国家地区的公共和私人决策者都越来越多地运用到了社会科学。

同时，我们知道科学的魔怪已经从瓶子里出来了，也知道科学交到人类手上的力量，如果用之不慎，也会将人类置于毁灭性的威胁之中。这也给了我们一个重要的教训，关于科学与社会科学题材之间联系的教训。

因此，整合研究是必要的，也是急需的。奇异的是，机遇存在于危机之中。气候变化使我们更加明白只有一个地球的事实。当它处于危机之中时，迫使我们面对我们可能也必须超越两门学科文化的界限这一处境。科学界和学者界只有一起行动，才能帮助这个世界系统有机地运转。

《社会发展译丛》已出版书目

1. ［美］阿瑟·奥肯著，陈涛译：《平等与效率：重大的抉择》。

2. ［英］威廉·阿瑟·刘易斯著，梁小民译：《增长与波动，1870—1913 年》。

3. ［法］乔治·索雷尔著，吕文江译：《进步的幻象》。

4. ［美］丹尼尔·贝尔著，张国清译：《意识形态的终结：50 年代政治观念衰微之考察》。

5. ［美］伊万·撒列尼等著，史普原等译：《社会主义企业家：匈牙利乡村的资产阶级化》。

6. ［挪威］古德曼·赫内斯著，张晨曲译：《"热"话题 —"冷"安慰：气候变化与态度变迁》。

7. ［美］戴慕珍著，李伟东译：《中国乡村起飞：经济改革的制度基础》。

8. ［匈牙利］雅诺什·科尔奈著，朱桂兰译：《康庄大道和羊肠小路：改革与后共产主义转型研究》。